Jacqueline Vogt
Ingo Swoboda

Fangfrisch auf den Tisch

Leckere Kochrezepte für Angler

Jacqueline Vogt
Ingo Swoboda

Fangfrisch auf den Tisch

Leckere Kochrezepte für Angler

KOSMOS

INHALT

FANG-FRISCH
AUF DEN TISCH

Gesund bleibt gesund 7

Die Fische und die Rezepte 8

Bachsaibling 16
Felchen 26
Aal 38
Flussbarsch 46
Flusskrebs 56
Forelle 68
Hecht 96
Karpfen, Brasse, Wels. 104
Rotauge und Schleie 124
Zander 130

UND HIER SEHEN SIE ES GANZ GENAU.

DAS IST *wirklich* WICHTIG

DARAUF KOMMT'S AN! Hier erläutern wir alles, was zum Gelingen des Rezepts wirklich wichtig ist. Wo es sinnvoll ist, mit Bild, sonst auch ohne.

Fangfrisch auf den Teller 8

Hobby für Genießer 10
Kein Hexenwerk 12
Fisch zubereiten 14
Fisch filetieren 34
Eine Basis kochen 36
Angeln am Forellenteich 74
Töpfe und mehr 94
Berufsfischer auf Seen und Flüssen. 122

Rezeptregister 138
Zubereitungsregister 140
Akteure & Impressum 144

GESUND BLEIBT GESUND
Genuss, der aus dem Wasser kommt

OMEGA-3-FETTSÄUREN, EIWEISS, SPURENELEMENTE, WAS IST DENN NUN SO GUT AM FISCH? ES GIBT VIELES WAS FÜR DEN FISCH AUF UNSEREM ERNÄHRUNGSPLAN SPRICHT.

Der Siegeszug der Fische hin zu einem Stammplatz im Ernährungsplan des Menschen begann in den 70er Jahren. Die beiden dänischen Wissenschaftler Hans Olaf Bang und Jorn Dyerberg wiesen nach das Inuit nur halb so häufig an einer koronaren Herzkrankheit starben wie Dänen. Als wahrscheinlichste Ursache galt die Ernährung mit Fisch.

Vor allem die Wissenschaftlichkeit der damaligen Untersuchung wird heute angezweifelt, geblieben ist der Fisch als sehr gesunder Bestandteil im Ernährungsplan.

DARUM IST FISCH GESUND
Das Lebensmittel Fisch versorgt den Menschen mit wichtigen Nährstoffen, hierzu zählen Eiweiß, Vitamine und Mineralstoffe. Das Fett des Fisches zählt zu den „guten" Fetten und ist gut für Herz, Gehirn und Immunsystem.

Der Mensch benötigt Eiweiß, meist bekommt er es vom Fleisch. Fisch ist der beste Fleischersatz, vielleicht sogar der bessere, denn das Eiweiß des Fisches ist nicht nur leicht, sondern auch viel leichter verdaulich als beim herkömmlichen Fleisch.

Außerdem benötigt jeder Mensch Vitamine. Vom Fisch bekommen wir die Vitamine A, B und D. Eine Fischmahlzeit enthält mehr als den Tagesbedarf dieser Vitamine.

Die Stars unter den guten Inhaltsstoffen sind jedoch die Omega-3-Fettsäuren. Sie tragen zur Senkung des Blutdrucks bei, mindern die Entzündungsneigung im Gewebe, verbessern die Blutfettwerte, sind unentbehrlich für die Entwicklung der Gehirnfunktionen und der Immunabwehr. Herzrhythmusstörungen wird vorgebeugt und die Thrombosegefahr verringert. Omega-3-Fettsäuren sind die Alleskönner im Fisch.

Sollten jetzt noch die ewigen Kritiker darauf hinweisen, dass vor allem bei den großen Meeres-Raubfischen der Quecksilbergehalt durch die Verschmutzung der Meere extrem hoch angestiegen ist, verweise ich darauf, dass unsere heimischen Süßwasser-Gewässer in den letzten Jahren immer sauberer geworden sind und um die Bewohner dieser Gewässer geht es in diesem Buch.

FANGFRISCH
auf den Teller

AUS EINEM FANGFRISCHEN FISCH EIN KÖSTLICHES GERICHT ZU ZAUBERN IST GAR NICHT SO SCHWER. MIT DER RICHTIGEN VORBEREITUNG GELINGT ES. MIT SICHERHEIT. UND ES SCHMECKT.

HOBBY FÜR GENIESSER
Deutschland – Anglerland

AUS DEN DEUTSCHEN GEWÄSSERN, EGAL OB FLUSS, BAGGERSEE, STAUSEE ODER BACH, KOMMEN UNENDLICH VIELE VERSCHIEDENE SÜSSWASSERFISCHE. SIE SIND GESUND UND BEKÖMMLICH UND MIT DEM RICHTIGEN REZEPT EIN GENUSS.

Fisch ist ein faszinierendes Lebensmittel, aber auch eines das in den letzten Jahren zunehmend der Kritik ausgesetzt ist. Dann ist die Rede von Überfischung der Meere, Fischfarmen und Pangasius-Seen, wobei der Verkaufsschlager „Pangasius" ja eigentlich der Mekongwels ist und somit in großen asiatischen Flüssen seine natürliche Heimat hat. Hinzu kommt, dass durch die Verschmutzung der Meere, der Schadstoffgehalt, gerade der Raubfische, am Ende der Nahrungskette, immens angestiegen ist.

So geraten unsere heimischen Süßwasserfische in den Focus der Fisch-Köche und hier hat man als Angler natürlich gewaltige Vorteile.

Der Fliegenfischer weiß in welchen Bächen er seine Bachforellen, Saiblinge oder auch Regenbogenforellen fangen kann und zwar sogar auf Kommando! Entscheidet die Familie, am Wochenende könnte es mal wieder Fisch geben, macht sich unser Fliegenfischer auf den Weg, je nach Jahreszeit mit der entsprechenden Trocken- oder Nassfliege und fängt seinen eigenen Fisch für die Küche.

Aber auch all die anderen Angler wissen wann und wo sie den Karpfen, Hechten, Zandern, Aalen oder Barschen nachstellen müssen und es ist schon etwas Besonderes, den selbstgefangenen Fisch zu essen.

ACHTUNG

Soll der Fisch in der Küche verwertet werden, müssen einige Kleinigkeiten beachtet werden. Es macht keinen Sinn, den Hecht den man kurz nach Sonnenaufgang fangen konnte, neben sich zu legen und bis Sonnenuntergang zu

HOBBY FÜR GENIESSER

hoffen, vielleicht noch einen weiteren Fisch zu fangen. Dieser wunderbare Hecht wird bereits verdorben sein.

Wenn wir Fische in der Küche verwerten wollen, müssen wir unbedingt auf Frische achten. Die beste Frische-Methode ist die Lebendhälterung in einem Setzkescher, allerdings muss die gesetzliche Lage beachtet werden, denn in drei Bundesländern ist der Setzkescher verboten. In den meisten anderen sind gewisse Dinge einzuhalten, bitte informieren Sie sich vor Gebrauch zu den Reglungen bei Ihren Angelvereinen.

Natürlich gibt es noch andere Methoden, wie zum Beispiel die Kühlbox, aber auch ein feuchtes Leintuch erfüllt den Zweck. Allerdings muss man beachten, dass man ohne Lebendhälterung den Fisch direkt nach dem Fang waidgerecht töten muss, dies ist für uns Angler selbstverständlich, worauf ich aber hinaus will ist, dass ein Fisch auch im feuchten Leintuch nicht unbedingt noch sechs Stunden in der Sonne liegen sollten. Versuchen Sie die Frische des gesunden Lebensmittels an die erste Stelle zu setzen.

AUSNEHMEN – WENN MÖGLICH SOFORT

Wenn man die Möglichkeit hat den Fisch direkt am Wasser auszunehmen, sollte man dies auch tun, da man so verhindert, dass Keime, die sich in den inneren Organen befinden, nach dem Sterben des Fisches noch ins Muskelfleisch wandern. Aber auch hier gilt es die Regeln zu beachten.

Fisch-Innereien gehören nicht ins Gewässer, da hierbei immer die latente Gefahr besteht,

HALTBARKEIT VON FRISCHFISCH IM KÜHL- ODER GEFRIERSCHRANK

	BEI +2 – +6 °C	BEI –18 °C
Frischer Fisch	1 Tag	
Zubereiteter Fisch	2 Tage	bis 5 Monate
Fischfilet		2 – 5 Monate
Ganzer magerer Fisch		2 – 5 Monate
Ganzer fetter Fisch		1 – 2 Monate

Krankheiten zu übertragen. Wer seine Fische am Wasser ausnehmen will, muss die Innereien vergraben oder in einer Mülltüte mitnehmen, außerdem hat der Pächter oder Besitzer eines Gewässers das Recht, das Ausnehmen am Wasser zu verbieten. Bitte informieren Sie sich auch hierüber rechtzeitig. Das Ausnehmen selbst wird auf der nächsten Doppelseite beschrieben.

FAZIT

Wenn der Fisch in der Küche ankommt, egal ob er dort sofort verwertet wird oder vorerst mal eingefroren wird, sollte er so frisch wie möglich sein. Nutzen Sie alle Möglichkeiten aus, die sich bieten, ob Sie nun Lebendhälterung umsetzen können oder eine Kühltasche mit ans Wasser nehmen, versuchen Sie ihr Bestes zu geben, um den Fisch frisch zu halten.

KEIN HEXENWERK
Leichter, als man denkt

HÄUFIG HÖRT MAN, WIE KOMPLIZIERT ES SEI, FISCHE ZUM KOCHEN VOR-ZUBEREITEN, DABEI GILT ES NUR EIN PAAR WENIGE SCHRITTE ACHTSAM DURCHZUFÜHREN. KEIN HEXENWERK ALSO, ABER SEHEN SIE SELBST …

ENTSCHUPPEN
Muss nicht immer sein, aber meistens doch! Einige Fischarten haben keine oder so wenige Schuppen, das sie nicht entschuppt werden müssen, dazu zählen zum Beispiel der Aal und der Wels, auch Waller genannt. Außerdem gibt es Zubereitungsarten, die ohne Entschuppen auskommen, das sogenannte „blau". Hierbei werden ganze Fische in einem Sud gekocht. Ist die Schleimhaut des Fisches unverletzt und das ist sie nur mit Schuppen, wirkt der Fisch nach dem Kochen bläulich, daher auch die Zubereitungsart „blau". Diese Zubereitungsart funktioniert allerdings nur bei frischem Fisch, also nicht bei aufgetautem, denn das Einfrieren verletzt auch die Fischhaut. Natürlich kann man das Entschuppen trotzdem auf die Zeit nach dem Auftauen verlegen, ich empfehle dies aber nicht, da sich ein noch nicht ausgenommener Fisch einfach besser Entschuppen lässt.

Das Entschuppen selbst ist auch keine Wissenschaft, wichtig ist vor allem den Schwanz des Fisches festzuhalten. Dies gelingt entweder mit einem Leintuch oder noch besser mit der Klemme am Filetierbrett. Hat man den Fisch sicher im Griff schabt man entgegen der Wachstumsrichtung vom Schwanz zum Kopf hin die Schuppen einfach von der Fischhaut

ab. Dies funktioniert am besten mit einem Messer. Entweder benutzt man die Rücken-Seite des Messers oder man hält das Messer in einem extrem flachen Winkel, sodass man den Fisch nicht einschneidet. Klar, dass man beide Seiten entschuppen sollte. Der Rücken des Fisches und die Bauchlappen kommen dann auch noch dran und schon ist der Fisch geputzt. Beachten Sie bitte, dass die Schuppen wild durch die Gegend spritzen. Wenn Sie also nicht die Küche direkt nach dem Entschuppen renovieren wollen, eignet sich der Garten, eine Plastikwanne oder ähnlichen Behälter zum Auffangen der Schuppen.

ENTHÄUTEN

Das Enthäuten ist sozusagen ein Spezialgebiet des Entschuppens und macht sehr viel Sinn, wenn man die knusprige Haut des Fisches für das Rezept nicht benötigt, also nur die Filets verwerten will. In diesem Fall wird der Fisch zuerst ausgenommen (siehe unten), dann filetiert (Seite 34) und nun wird eine Fischhälfte auf die Hautseite auf ein Brett gelegt. Ein kleiner Einschnitt ins Fleisch oberhalb der Schwanzwurzel und dann kann es losgehen. Wieder muss der Schwanz festgehalten werden, dabei wird der Fisch gebogen, sodass man an der Einschnittstelle das Filetiermesser mit der Schneide flach zwischen Filet und Fischhaut ansetzen kann. Nun zieht man das Messer mit leichten Sägebewegungen in Richtung Kopf, bis die Haut entfernt ist. Das geht sehr schnell und macht lange nicht so viel Dreck, wie das normale Entschuppen.

AUSNEHMEN

Der Fisch wird auf den Rücken gedreht, sodass man auf die Bauchseite sieht. Knapp hinter den Afterflossen erkennt man den Darmausgang. Hier setzt man das Filetiermesser an, mit der Schneide in Richtung eigenes Gesicht. Die Messerspitze wird vorsichtig in die Darmöffnung in Richtung Kopf eingeführt und nun schneidet man sehr flach zwischen den Afterflossen hindurch in Richtung Kopf den Bauch auf. Es ist sehr wichtig nicht tief einzuschneiden, damit man nicht die Galle verletzt. Ist die Galle verletzt, ergießen sich die Bitterstoffe auf das Muskelfleisch des Fisches.

Ist die Bauchhöhle geöffnet folgt noch ein beherzter Griff hinter die Kiemen, um die Innereien vom Kopf zu lösen und dann kann man alles mit einem kräftigen Zug entfernen. Achtung, die Niere sitzt im Rückenmark, hier sollte man mit dem Daumennagel oder einem Löffel entlangschaben um alles zu entfernen. Jetzt noch schnell aber sauber mit kaltem Wasser ausspülen und schon kann der Fisch weiterverwertet werden.

FISCHE ZUBEREITEN
Mehr als backen und braten

FISCHE KÖNNEN GEBRATEN, FRITTIERT, GEGRILLT, POCHIERT, GEDÜNSTET, GESCHMORT ODER GERÄUCHERT WERDEN. DOCH NICHT JEDE GARMETHODE IST FÜR JEDEN FISCH GEEIGNET.

Zum Pochieren (Garziehen) und Dämpfen sollten Sie bei Süßwasserfischen auf Forellen zurückgreifen, zum Schmoren, Dünsten, Backen, Braten und Grillen können Sie nach eigenem Gusto entscheiden. Zum Räuchern werden eher die etwas fetteren Fischarten verwendet.

Rechnen Sie pro Person und Mahlzeit rund 150–200 g Fischfilet oder 250–400 g ganzen Fisch. Und wann ist ein Fisch gar? Sobald sein vormals glasiges Fleisch weiß erscheint, die Flossen oder Gräten sich leicht vom Fleisch trennen lassen und die Augen milchigweiß sind.

DÄMPFEN UND POCHIEREN
Der Unterschied zwischen den beiden Zubereitungsarten besteht darin, dass man beim Dämpfen einen Topf mit Siebeinsatz verwendet, auf dem die Fische liegen. Sie werden also nicht in, sondern über der Flüssigkeit gegart. Beim Pochieren lässt man den Fisch in einem zuvor hergestellten Sud bei sanfter Hitze ziehen. Bei dieser Methode ist es sehr wichtig, dass die Temperatur der Garflüssigkeit 80 °C nicht übersteigt, damit der Fisch nicht austrocknet und auseinanderfällt.

DÜNSTEN UND SCHMOREN

Bei diesen etwas verfeinerten Varianten des Garens wird der Fisch zusammen mit Gemüse in einem Topf gedünstet oder geschmort und samt der im Topf vorhandenen Flüssigkeit serviert. Beim Schmoren wird nur wenig Flüssigkeit zugesetzt, die man so weit einkochen lässt, dass sie als Sauce zum Gericht gereicht werden kann. Beim Dünsten hingegen hat die Brühe eher die Konsistenz einer Suppe. Bei beiden Methoden bleibt der Fisch schön saftig.

GAREN IM BACKOFEN

Bereitet man einen Fisch im Backofen zu, muss man in jedem Fall darauf achten, dass ihm stets genügend Flüssigkeit zugeführt wird, damit er nicht austrocknet. Dies kann auf unterschiedliche Art geschehen: Entweder man begießt den Fisch in regelmäßigen Abständen mit einem gewürzten Sud oder man umgibt ihn mit einer Hülle aus Gemüse oder mit einer Bratfolie, wodurch ein Verdunsten der Flüssigkeit verhindert wird. Die Garzeit ist beträchtlich kürzer als beim Braten von Fleisch.

BRATEN, FRITTIEREN UND GRILLEN

Auch wenn man Fisch im Allgemeinen bei niedrigeren Temperaturen zubereitet als Fleisch, ist es beim Braten, Frittieren und Grillen wichtig, die Temperatur zu Beginn des Garvorgangs so hoch einzustellen, dass das Eiweiß auf der Oberseite des Fisches schnell gerinnt und so einen natürlichen Schutz gegen das Austrocknen bildet. Eine ebenso gute Schutzschicht erhält man, wenn man den Fisch vor der Zubereitung in Mehl, Semmelbröseln oder einem Ausbackteig wendet.

RÄUCHERN

Eine gute Methode, um einen Fisch längere Zeit haltbar zu machen, ist das Räuchern. Der dabei entstehende Rauch hat eine keimhemmende Wirkung, denn während des Räucherns verliert der Fisch einen Großteil seines Wassers, das ihn im frischen Zustand leicht verderben lässt. Die Utensilien fürs Räuchern sind leicht zu beschaffen: Sowohl den speziellen Ofen wie auch das notwendige Räuchersalz und Räuchermehl erhalten Sie in Anglergeschäften.

Grundsätzlich unterscheidet man zwei Räuchermethoden: Die „Kalträucherung" bei unter 30 °C und die „Heißräucherung" bei über 60 °C. Bei der Kalträucherung wird der Fisch vor dem Räuchern durch Einsalzen gegart. Dazu bestreut man ihn von allen Seiten gründlich mit Salz und lässt ihn vor dem Räuchern ca. 1 Stunde ziehen. Nach dieser Prozedur wird der Fisch gründlich gewässert und getrocknet, bevor er dann auf dem Rost des Ofens geräuchert wird.

Bei der Heißräucherung salzt man nur ganz leicht, weil der Fisch durch die hohe Temperatur im Ofen gegart wird. Dabei sollte die Temperatur erst allmählich auf die gewünschte Höhe ansteigen, damit sich kein Wasserdampf bildet, der die Fische weich werden lässt. Ausnahme ist das Räuchern von Aalen, denn hier ist die Bildung von Feuchtigkeit erwünscht. Nach Ende der Garzeit ist es wiederum wichtig, die Temperatur langsam abzusenken, um ein Austrocknen der geräucherten Fische zu verhindern. Wichtig: Heiß geräucherter Fisch ist nicht so lange haltbar wie kalt geräucherter, da Letzterem beim Garprozess durch das Salzen mehr Wasser entzogen wird.

BACHSAIBLING

DER BACHSAIBLING
Ein Amerikaner in Europa

BACHSAIBLINGE STAMMEN URSPRÜNGLICH AUS DEN USA UND WURDEN ENDE DES 19. JAHRHUNDERTS IN DEUTSCHEN UND ANDEREN EUROPÄISCHEN GEWÄSSERN ANGESIEDELT.

Der Bachsaibling gehört wie die Forelle zu den Salmoniden, den Lachsfischen. Von der Forelle unterscheidet er sich durch das weiße Vorderteil seiner Bauch- und Brustflossen. Er liebt kaltes, klares Wasser, fließend oder stehend. Gut zu angeln ist er deshalb beispielsweise in Gebirgsseen. Er ernährt sich von Kleinstlebewesen im Wasser, im Sommer auch von Insekten. Sehr große Exemplare fressen mitunter auch kleine Fische ihrer eigenen Art.

Bachsaiblinge können eine Größe von bis zu 60 cm und ein Gewicht von bis zu 5 kg erreichen. Der Fettgehalt von Bachsaiblingen ist niedriger als jener von Forellen, deshalb schmecken sie besonders gut, wenn sie in Butter gebraten werden. Probieren sollten Sie auch das Marinieren, denn dafür eignet sich das leichte Saiblingsfleisch sehr gut. In der Gastronomie wird Saibling auch roh als Carpaccio serviert, einen sehr prägnanten Geschmack darf man von diesem Fisch freilich nicht erwarten, wenn er nicht gegart ist. Am besten kommt der Saibling in einem warmen Gericht zur Geltung, gerne auch gedämpft oder geräuchert.

Fangzeit April bis Oktober, regional unterschiedlich

BACHSAIBLING

DAS IST *wirklich* WICHTIG

[a] FRISCHER KNOBLAUCH Nur Knollen verwenden, Pulver lässt sich schwer dosieren.

[b] ZITRONENPFEFFER Es lohnt sich, im Gewürzladen nach Zitronenpfeffer zu fragen, sein Geschmack ist bei aller Schärfe klar und frisch.

SAIBLING IN SENFSAUCE
mit Butter verfeinert

EIN REZEPT VOM LANDE, GEEIGNET ALS FEINER ERSATZ FÜR DEN SONNTAGSBRATEN. DIE SAUCE SCHMECKT AUCH ZU ANDEREN FISCHEN GUT.

Zutaten für 4 Portionen

- 4 küchenfertige Saiblinge
- Salz, Pfeffer aus der Mühle
- 3 Knoblauchzehen
- 1 TL Zitronenpfeffer
- 2 EL süßer Senf
- 1 TL Zitronensaft
- ½ Bund glatte Petersilie
- 100 g Butter
- Öl zum Einfetten
- 6 Schalotten
- 2 cl Obstler
- 1 TL Zitronensaft
- 2 EL Meerrettich aus dem Glas
- 2 EL Sahne

besonderes Werkzeug
- große ofenfeste Form

Zeitbedarf
- 20 Minuten + 20 Minuten garen

So geht's

1. Backofen auf 200 °C (Umluft 180 °C) vorheizen. Saiblinge unter kaltem Wasser abspülen, mit Küchenpapier trocken tupfen. Fische innen und außen mit Salz und Pfeffer einreiben.

2. Die Knoblauchzehen schälen und klein schneiden [→ a]. Knoblauch mit Zitronenpfeffer [→ b], Senf und Zitronensaft gut verrühren. Die Petersilie waschen und fein hacken. 50 Gramm Butter schmelzen lassen. Unter die Mischung aus Petersilie, Knoblauch, Senf und Gewürzen rühren.

3. Die Hälfte der Senfpaste in die Bauchöffnung der Saiblinge verteilen. Eine ofenfeste Form, in der alle Fische nebeneinander Platz haben, mit Öl einfetten und die Fische hineinlegen. Im vorgeheizten Ofen 20 Minuten garen, nach 10 Minuten die Fische wenden.

4. Die Schalotten schälen, in Ringe schneiden, beiseitestellen. Die restlichen 50 Gramm Butter in einer Pfanne unter ständigem Rühren bei kleiner Hitze aufschäumen lassen. Die restliche Senfpaste unterrühren. Die Sauce mit Obstler, Zitronensaft, Meerrettich und Sahne abschmecken.

5. Die Form aus dem Ofen nehmen. Die Saiblinge auf Teller anrichten, mit der Sauce begießen und die Schalottenringe darübergeben.

Dazu passen Kopfsalat und Bratkartoffeln.

Die Variante

Saibling in Senf-Apfel-Sauce

Die Senfpaste wie nebenstehend, aber mit nur 1 Knoblauchzehe zubereiten und die Hälfte davon in die Saiblinge füllen. 3 säuerliche Äpfel schälen und klein schneiden. Äpfel in 50 Gramm Butter anbraten, restliche Senfpaste einrühren. Die Sauce mit Apfelsaft abschmecken, auf Meerrettich und Obstler verzichten. Festkochende Kartoffeln schälen, in nicht zu dicke Scheiben schneiden. Backblech mit Backpapier auslegen. Kartoffeln darauflegen und 10 Minuten vor den Fischen in den Ofen schieben.

BACHSAIBLING

GEMÜSE-SAIBLING
mit Zucchini und Champignons

EIN REZEPT FÜR EILIGE: DIE SAIBLINGE SIND RASCH GEFÜLLT, GAREN NUR KURZ IM OFEN UND SCHMECKEN DANN WUNDERBAR WÜRZIG.

Zutaten für 4 Portionen

- 4 küchenfertige Saiblinge
- Salz
- weißer Pfeffer aus der Mühle
- 40 g Schalotten
- 200 g Zucchini
- 200 g frische Champignons
- 12 schwarze Oliven (ohne Stein)
- 1 Stängel Estragon
- 50 g Butter
- 100 g Crème fraîche
- Sonnenblumenöl zum Einfetten und Bestreichen

besonderes Werkzeug
- Rouladenspieße

Zeitbedarf
- 40 Minuten +
  15–20 Minuten garen

So geht's

1. Ofen auf 200 °C (Umluft 180 °C) vorheizen. Saiblinge unter fließendem kaltem Wasser abspülen, mit Küchenpapier trocken tupfen. Die Fische innen und außen mit Salz und Pfeffer einreiben. Schalotten schälen und in kleine Würfel schneiden. Zucchini waschen, oberes und unteres Ende abschneiden. Die Zucchini halbieren und ebenfalls in kleine Würfel schneiden.

2. Champignons putzen: Stiele herausdrehen und wegwerfen, Köpfe mit einem Pinsel säubern. Champignonköpfe und Oliven klein schneiden, Estragon zupfen und hacken.

3. Butter in einer Pfanne heiß werden lassen. Schalotten, Zucchini und Champignons in der Butter anschwitzen. Gehackten Estragon, gehackte Oliven und Crème fraîche dazugeben. Kurz durchrühren.

4. Die Saiblinge mit der Mischung füllen und mit Rouladenspießen verschließen. Ein Backblech mit Sonnenblumenöl gut einfetten. Die Fische auf das Blech legen, mit Sonneblumenöl bestreichen. Das Blech in den Ofen schieben und die Fische 15–20 Minuten garen.

Dazu passen Salzkartoffeln mit frischem Dill und ein Tomatensalat mit herzhaftem Dressing.

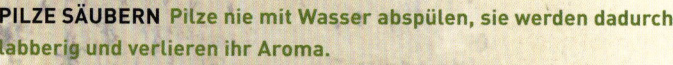

PILZE SÄUBERN Pilze nie mit Wasser abspülen, sie werden dadurch labberig und verlieren ihr Aroma.

AUS DEM OFEN UND GEBEIZT

GEBEIZTER SAIBLING
mit Gin-Mayonnaise

IDEAL, UM GÄSTE ZU BEWIRTEN. DIESES GERICHT BENÖTIGT ETWAS VORBEREITUNG, KOMMT DANN ABER SCHNELL AUF DEN TISCH.

Zutaten für 4 Portionen

- 10 Wacholderbeeren
- 3 Körner Piment, ersatzweise Pimentpulver
- 5 schwarze Pfefferkörner
- 2 TL Salz
- 1 TL Zucker
- 4 Saiblingsfilets mit Haut
- 1 Eigelb
- ½ TL Zitronensaft
- Salz, Pfeffer aus der Mühle
- 125 ml Walnussöl
- 3 TL Gin

besonderes Werkzeug
- Pergamentpapier
- 1 dünner Plastikbeutel

Zeitbedarf
- 15 Minuten vorbereiten +
- 24 Stunden marinieren +
- 10 Minuten für die Mayonnaise

So geht's

1. Wacholderbeeren mit einem großen, scharfen Messer grob hacken. Mit Piment, Pfeffer, Salz und Zucker in einen Mörser geben und fein zerstoßen.

2. Die Saiblingsfilets mit der Gewürzmischung einreiben. Filets zusammenklappen, fest in Pergamentpapier einwickeln und in einer Plastiktüte verschließen. Die Tüte auf einen großen Teller oder in eine tiefe Form legen, mit einem Brett und Gewichten beschweren und für mind. 24 Stunden in den Kühlschrank stellen. Während dieser Zeit einige Male wenden.

3. Für die Gin-Mayonnaise das Eigelb mit Zitronensaft, Salz und Pfeffer in einer Schüssel mit dem Schneebesen verrühren. Das Öl zunächst tropfenweise, dann in einem dünnen Strahl dazugeben, dabei ständig weiterrühren. Zum Schluss den Gin unterrühren.

4. Vor dem Servieren die marinierten Saiblingsfilets vom Kopf- zum Schwanzende hin mit einem scharfen Messer von der Haut schneiden. Zusammen mit der Mayonnaise servieren.

Dazu frisches Baguette reichen.

MAYONNAISE RÜHREN Die Mayonnaise immer frisch zubereiten. Darauf achten, dass alle Zutaten die gleiche Temperatur haben, also rechtzeitig aus dem Kühlschrank genommen werden.

BACHSAIBLING

DAS IST *wirklich* WICHTIG

[a] LIMETTE ABREIBEN Ausschließlich unbehandelte und richtig reife Limetten verwenden. Nur die grüne Schale abreiben, das Weiße schmeckt bitter.

[b] SAUCE RÜHREN Die Sauce muss, wenn die Eigelbe zugefügt sind, ständig gerührt werden, um die Temperatur zu halten.

[b]

MIT DEM STABMIXER GIBT ES ECHTEN SCHAUM

AUS DEM OFEN

SAIBLING AUS DEM OFEN
mit Limettenschaum

HIER IST DIE SAUCE DER STAR. SIE MACHT AUS DEM SAIBLING EIN VERITABLES FESTESSEN, MIT DEM SIE PUNKTEN KÖNNEN.

Zutaten für 4 Portionen

- 4 küchenfertige Saiblinge
- Salz, weißer Pfeffer
- 8 Stängel Petersilie
- 4 Zweige Thymian
- 4 EL Butter

Für die Sauce

- 1 kleine Zwiebel
- 2 Bio-Limetten
- ½ Bund Estragon
- 50 g Butter
- 2 EL Weißweinessig
- 4 Eigelb
- 125 ml Weißwein
- 125 ml Sahne
- Salz, Pfeffer aus der Mühle
- Worcestersauce

besonderes Werkzeug

- Alufolie
- Stabmixer

Zeitbedarf

- 30 Minuten + ca. 25 Minuten garen

So geht's

1. Backofen auf 200 °C (Umluft 180 °C) vorheizen. Saiblinge unter kaltem Wasser abspülen, trocken tupfen. Die Fische innen mit Salz und Pfeffer einreiben. Je 2 Stängel Petersilie und 1 Zweig Thymian in die Bauchhöhlen geben.

2. Auf 4 ausreichend große Stücke Alufolie jeweils 1 EL Butter geben, darauf die Saiblinge legen. Die Folie von allen Seiten einschlagen und gut verschließen. Die Fischpäckchen auf ein Backblech legen und ca. 25 Minuten auf der mittleren Schiene des vorgeheizten Ofens garen.

3. Für die Sauce die Zwiebel schälen und klein schneiden. Eine Limette abreiben [→ a], dann beide Limetten auspressen. Estragon fein hacken.

4. Butter in einem Topf erhitzen, Zwiebel darin glasig anbraten. Estragon kurz mitbraten. Mit Essig ablöschen. Limettenschale und -saft dazugeben. Etwas einkochen lassen. Den Topfinhalt durch ein Sieb in eine Schüssel laufen lassen und durchstreichen. Eigelbe und Wein in die durchgestrichene Flüssigkeit rühren.

5. Die Schüssel in ein Wasserbad stellen. Eigelbe und Wein mit dem Stabmixer zu einer Sauce aufschlagen [→ b]. Sahne dazugeben, mit Salz, Pfeffer und Worcestersauce abschmecken. Nochmals aufschlagen, bis die Sauce schäumt.

6. Die Saiblinge aus dem Ofen nehmen, Petersilie und Thymian entfernen. Die Fische auf Teller anrichten und mit Limettenschaum begießen.

Dazu passen Salzkartoffeln und zarte Blattgemüse.

Die Variante

Saibling in Koriandersahne

Die Sauce wie nebenstehend beschrieben zubereiten, aber anstelle des Estragons 2 Stängel Koriander verwenden. Die klein geschnittenen Korianderblätter nicht mitbraten, sondern ganz am Ende zur Sauce geben. Statt mit Worcestersauce mit 1 TL Sojasauce abschmecken.

BACHSAIBLING

DAS IST *wirklich* WICHTIG

[a] WIRSING PRÜFEN Beim Einkauf darauf achten, dass der Wirsing von hellem Grün ist: je heller der Kohl, desto zarter der Geschmack.

[b] TOMATEN GUT BEHANDELN Die Tomaten nicht zerkleinern, sondern ganz lassen. Sie platzen dann leicht auf und ihr Geschmack entfaltet sich schön.

[c] AUF DIE KRABBEN ACHTEN Frische Krabben verwenden, eingelegte haben oft einen sauren Ton.

[a]

GEBRATEN

SAIBLING MIT WIRSING
und Schmortomaten

FEINE AROMEN VERBINDEN SICH MIT DEM SATTEN ROTTON DER TOMATEN – NICHT NUR KULINARISCH, SONDERN AUCH OPTISCH EIN GENUSS.

Zutaten für 4 Portionen

- 4 küchenfertige Saiblinge
- Salz, Pfeffer aus der Mühle
- 3 EL Mehl
- 1 kleiner Kopf Wirsing
- 20 g Butter, ersatzweise 2 EL Olivenöl
- 2 TL Balsamico-Essig
- 1 Prise gemahlener Kreuzkümmel (Cumin)
- 16 Cherrytomaten (kleine Strauchtomaten)
- Olivenöl zum Beträufeln
- 4 Knoblauchzehen
- 50 g Butter zum Braten
- 4 Zweige Thymian
- Salz
- weißer Pfeffer aus der Mühle
- 100 g Nordseekrabben

Zeitbedarf
- 45 Minuten

So geht's

1. Saiblinge unter fließendem kaltem Wasser abspülen, trocken tupfen. Brust- und Rückenflossen abschneiden. Die Fische salzen und pfeffern, dann in Mehl wenden.

2. Vom Wirsing die äußeren Blätter entfernen [→ a]. Den Kohlkopf vierteln und vom Strunk befreien, dann in ca. 1 cm breite Streifen schneiden. In einer Pfanne 20 g Butter oder 2 EL Olivenöl erhitzen und den Kohl bei mittlerer Hitze ca. 10 Minuten braten. Mehrmals umrühren. Mit Salz, Pfeffer, Balsamico-Essig und Kreuzkümmel abschmecken.

3. Tomaten waschen, abtrocknen und ganz in einen Topf geben [→ b]. Mit Olivenöl beträufeln. Den Topf verschließen und die Tomaten bei geringer Hitze 15 Minuten schmoren lassen.

4. Knoblauch schälen und hacken. 50 g Butter in einer großen Pfanne schmelzen, den gehackten Knoblauch und die Thymianzweige dazugeben. Etwas Salz und weißen Pfeffer zufügen. Die Saiblinge in dieser Mischung bei mittlerer Hitze von jeder Seite 5 Minuten anbraten.

5. Die Fische zusammen mit dem Kohl und den Tomaten anrichten. Zuletzt die kalten Krabben über die Fische streuen [→ c].

Dazu geröstetes Fladenbrot servieren.

Die Variante

Tomaten-Saibling mit Kartoffelstampf
Anstelle des Wirsings 1 kg mehligkochende, aromatische Kartoffeln ca. 40 Minuten garen. Schälen, in einen Topf geben, etwas Olivenöl hinzufügen und mit einem Kartoffelstampfer grob zerkleinern, sodass später noch Stücke zu schmecken sind. Mit Salz, Pfeffer und wenig Muskatnuss würzen. Zuletzt 2 EL fein gehackte grüne Oliven unter die Kartoffeln heben. Keine Krabben verwenden, dafür einen bunt gemischten Salat zum Fisch servieren.

FELCHEN

DER FELCHEN
Bekannt als Bodenseefisch

EIN FELCHEN SCHWIMMT SELTEN ALLEINE: IN GROSSEN SCHWÄRMEN ZIEHT DIESER FISCH, VON DEM ES ZAHLREICHE UNTERARTEN GIBT, DURCH DIE SEEN.

Der Felchen, unter anderem auch Renke, Reinanke oder Maräne genannt, gehört zur Gattung der Coregonen und ist ein begehrter Speisefisch. Er besitzt einen silbrig glänzenden, lang gestreckten, seitlich abgeflachten Körper, und seine Schwanzflosse hat eine Kerbe.

Am bekanntesten ist der sogenannte Bodensee-Felchen. Er wird in fast allen Restaurants rund um den See als köstliche Spezialität angeboten, denn er ist fein im Fleisch und besonders wohlschmeckend, ob in Butter gebraten oder mit einer intensiven Sauce als Begleitung. Sein Fettgehalt ist höher als etwa jener der Forelle, weshalb er sich auch gut zum Räuchern eignet.

Weil sie so häufig sind, galten Felchen lange Zeit als die wirtschaftliche Basis der Berufsfischerei auf den mitteleuropäischen Seen. Die veränderte Wasserqualität hat ihre Vorkommen verringert, sodass heute auch Felchen künstlich ausgebrütet und als Jungfische in die Seen gesetzt werden.

Das optimale Wasser für Felchen ist sauber und sauerstoffreich und nicht viel wärmer als 18 °C. Unter solchen Lebensbedingungen können Felchen zwischen 35 und etwa 100 cm groß werden, je nachdem, ob sie sich eher am Grund eines Gewässers oder in höheren Ebenen aufhalten, und abhängig davon, was sie fressen.

Fangzeit Juni und Juli, regional unterschiedlich

FELCHEN MIT KIRSCHEN
und Bandnudeln

EINE RAFFINIERTE ZUBEREITUNG FÜR EINEN FEINEN FISCH. PFEFFER GIBT DIE WÜRZE, KIRSCHEN SORGEN FÜR FRUCHTIGKEIT.

Zutaten für 4 Portionen

- 500 g Bandnudeln
- 2 EL Öl
- 10 schwarze Pfefferkörner
- 1 Glas Schattenmorellen
- 1 TL Speisestärke
- 3 EL kaltes Wasser
- ½ Zitrone
- 400 ml Sahne
- Salz, Pfeffer aus der Mühle
- 4 Felchenfilets (à 200 g)
- 40 g Mehl
- Öl zum Braten

Zeitbedarf
- 35–40 Minuten

So geht's

1. Die Bandnudeln in Salzwasser so lange kochen, bis die Hälfte der angegebenen Garzeit erreicht ist. Nudeln abgießen, kurz mit kaltem Wasser abschrecken und wieder in den Topf geben. Deckel auflegen, damit die Nudeln warm bleiben.

2. 1 EL Öl in einer Pfanne erhitzen, die Pfefferkörner dazugeben und kurz heiß werden lassen. Die Schattenmorellen samt Saft hinzufügen. Aufkochen lassen. Die Speisestärke in 3 EL kaltes Wasser einrühren. Diese Mischung zu den Kirschen geben, nochmals aufkochen lassen. Je nach Geschmack salzen.

3. Die Zitrone auspressen. In einem Topf 1 EL Öl erhitzen. Sahne dazugeben, die Nudeln hinzufügen und 3–4 Minuten köcheln lassen – die Nudeln sollten nicht zu weich werden. Hitze reduzieren, etwas Zitronensaft zu den Nudeln geben, mit Salz und Pfeffer abschmecken. Nudeln warm stellen.

4. Die Fischfilets kalt abspülen und trocken tupfen, dann salzen und in Mehl wenden. Öl in einer Pfanne heiß werden lassen, Filets von jeder Seite bei mittlerer Hitze ca. 4 Minuten braten. Mit den Nudeln und den Kirschen anrichten.

SO SCHMECKT'S AUCH Anstelle der Kirschen können andere Früchte verwendet werden. Sehr gut schmecken z. B. frische, geschälte Aprikosen (etwas längere Garzeit einrechnen). Wer die italienische Küche liebt und dieses Gericht etwas mediterraner gestalten möchte, lässt die Sahne bei den Bandnudeln weg, kocht sie von vornherein zu Ende und aromatisiert sie nur mit etwas Olivenöl.

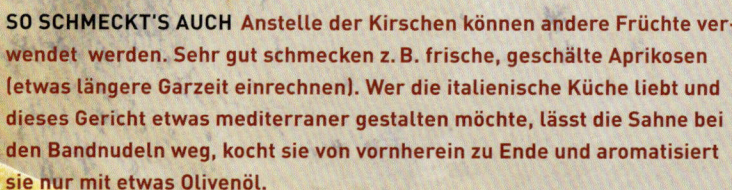

GEBRATEN UND GEBACKEN

FELCHENFILETS
in knuspriger Panade

ES GIBT GERICHTE, DIE VON ALLEM DAS BESTE IN SICH VEREINEN: SIE SIND DEFTIG, ABER NICHT DERB, UND SIE SIND ZART, ABER NICHT LANGWEILIG.

Zutaten für 4 Portionen

- 4 Felchenfilets (à 200 g)
- ½ Zitrone
- Salz, Pfeffer aus der Mühle
- 5 EL Mehl
- 1 Ei
- 50 g Parmesan
- 50 g fein gemahlene Mandeln
- 150 g Semmelbrösel
- 1 Teelöffel getrockneter Oregano
- 1 Bio-Zitrone
- 4 EL Butterschmalz

Zeitbedarf
- 35 Minuten

So geht's

1. Die Felchenfilets kalt abspülen, trocken tupfen. Die halbe Zitrone auspressen. Die Filets mit dem Zitronensaft beträufeln, salzen und pfeffern.

2. Mehl in einen flachen Teller geben. In einem zweiten Teller das Ei verquirlen. Parmesan reiben und mit den Mandeln und den Semmelbröseln in einem dritten Teller mischen. Mit Oregano, Salz und Pfeffer würzen.

3. Die Fischfilets im Mehl wenden, überschüssiges Mehl leicht abklopfen. Die Filets anschließend durch das verquirlte Ei ziehen und in der Parmesan-Panade wenden. Die Panade leicht andrücken, überschüssige Panade abschütteln.

4. Die ganze Zitrone achteln oder schälen und in Scheiben schneiden.

5. Das Butterschmalz in einer großen Pfanne erhitzen. Die Fischfilets bei mittlerer Hitze von jeder Seite 2 Minuten braten. Mit Zitrone servieren.

Als Beilage eignet sich ein Kartoffel-Gurken-Salat. Dazu 1 kg festkochende, geschälte Kartoffeln kochen, abkühlen lassen und in Scheiben schneiden. Mit einer Vinaigrette aus 1 EL hellem Essig und 3 EL Olivenöl marinieren, ca. 15 Minuten ziehen lassen, mit Salz und Pfeffer würzen. Zum Schluss eine geschälte und fein geschnittene Salatgurke unter die Kartoffeln mischen.

FELCHEN-ROULADE
mit Oliven und getrockneten Tomaten

EIN WENIG AUFWAND UND VIEL RAFFINESSE – UND EBENSO FEIN MIT ANDEREN FISCHEN, BEISPIELSWEISE ZANDER.

Zutaten für 4 Portionen

- 100 g getrocknete Tomaten
- 1 TL Essig
- 1 EL Olivenöl
- 1 Stängel Basilikum
- 1 Zweig Rosmarin
- 3 Zweige Thymian
- ½ Zitrone
- 1 Schalotte
- 1 Knoblauchzehe
- 1 EL Olivenöl + 1 EL Butter
- 100 g grüne Oliven (ohne Stein)
- 1 EL Tomatenmark
- Salz, Peffer aus der Mühle
- 4 Felchenfilets ohne Haut
- 200 ml Fischfond
- Olivenöl

besonderes Werkzeug
- Rouladenspieße oder Zahnstocher

Zeitbedarf
- 12 Stunden einweichen + 30 Minuten + 1 Stunde ruhen + 10 Minuten garen

So geht's

1. Am Vortag die getrockneten Tomaten in 250 ml Wasser mit Essig, Salz und Öl kurz aufkochen. In ein Sieb abgießen und abtropfen lassen. Die Tomaten in Frischhaltefolie packen und über Nacht im Kühlschrank aufbewahren. Sie werden dadurch schön weich.

2. Basilikum, Rosmarin und Thymian von den Stängeln zupfen und fein schneiden. Zitrone auspressen. Schalotte und Knoblauch schälen, fein würfeln und in Olivenöl und Butter andünsten. Tomaten und Oliven fein hacken. Mit Schalotten, Knoblauch und Kräutern zu einer Paste verrühren. 1–2 EL Zitronensaft und das Tomatenmark dazugeben. Mit Salz und Pfeffer würzen [→ a].

3. Fischfilets kalt abwaschen und trocken tupfen. Dünn mit der Füllung bestreichen und aufrollen. Mit Rouladenspieß oder Zahnstocher fixieren. Zur Sicherheit können die Rouladen zusätzlich noch mit Küchengarn zugebunden werden. Beiseitestellen und ca. 1 Stunde ruhen lassen.

4. Fischfond erwärmen. Rouladen salzen und pfeffern. Olivenöl erhitzen und die Rouladen darin rundherum leicht anbraten. Fischfond zugeben und die Rouladen in ca. 10 Minuten gar dünsten. Dabei einmal wenden.

Dazu schmeckt ein Weißweinrisotto, verfeinert mit einem Pesto aus je 1 Bund Rucola und glatter Petersilie, 1 Knoblauchzehe, 50 g Parmesan und 100 ml Olivenöl, sowie ein kräftiger Riesling.

GEDÜNSTET

Das ist *wirklich* wichtig

[a] FÜLLUNG VORBEREITEN Wie die Tomaten kann auch die Füllung für die Rouladen gut am Vorabend vorbereitet und im Kühlschrank aufbewahrt werden.

[a]

FELCHEN MIT BANANE
delikat gegrillt

HIER WIRD DEM FISCH TÜCHTIG EINGEHEIZT, DOCH MIT CREMIG-SÜSSEN FRÜCHTEN LÄSST ER SICH GERNE BESÄNFTIGEN.

Zutaten für 4 Portionen

- 4 küchenfertige Felchenfilets (à 200 g)
- 2 Limonen
- Salz, Pfeffer aus der Mühle
- 1 kleine rote Chilischote
- 1 Bund glatte Petersilie
- 4 sehr reife Bananen
- 4 EL Butter
- 8 Scheiben durchwachsener Speck

besonderes Werkzeug
- Alufolie

Zeitbedarf
- 45 Minuten +
- 30 Minuten marinieren

So geht's

1. Felchenfilets mit kaltem Wasser abspülen, trocken tupfen. Limonen auspressen. Fischfilets von beiden Seiten großzügig mit Limonensaft säuern, salzen und pfeffern. Abdecken und für 30 Minuten in den Kühlschrank stellen.

2. Backofen auf 220 °C (Umluft 200 °C) vorheizen. Chilischote aufschneiden, entkernen und fein schneiden. Petersilie waschen, zupfen und fein schneiden.

3. Auf der Arbeitsfläche 4 Stücke Alufolie, in denen sich jeweils 1 Fischfilet einschlagen lässt, ausbreiten. Die Bananen schälen, obere und untere Enden abschneiden. Bananen mit einer Gabel zerdrücken.

4. Felchen aus dem Kühlschrank nehmen. Die Folien mit Butter bestreichen. Jeweils 2 Scheiben Speck auflegen, darauf etwas von der Bananenmasse geben.

5. Felchenfilets auf die Speckscheiben legen. Mit Banane bestreichen, darauf Chili und Petersilie verteilen. Die Folien einschlagen und gut verschließen. Die 4 Pakete auf dem Grillrost im vorgeheizten Ofen 15–20 Minuten garen. Während der letzten 5 Minuten die Folien öffnen.

Dazu schmecken Reis und Tomatensalat besonders gut.

SO SCHMECKT'S AUCH Zum Marinieren zusätzlich etwas frischen Koriander auf die Fische geben, dafür später die Petersilie weglassen.

AUS DEM OFEN UND GEBRATEN

FELCHENFILETS
mit Zitronenbasilikum

BEI DIESER ZUBEREITUNG GART DER FISCH IN EINER SAUCE, DIE MIT EINEM BESONDERS WÜRZIGEN KRAUT AROMATISIERT WIRD.

Zutaten für 4 Portionen

- 4 küchenfertige Felchenfilets (à 200 g)
- 2 EL weißer Weinessig
- Salz, Pfeffer aus der Mühle
- 2 kleine Zwiebeln
- 300 ml Gemüsebrühe oder Fischfond (Rezept siehe Seite 36), ersatzweise aus dem Glas
- 1 Bund Zitronenbasilikum
- 4 EL Öl
- 2 EL Mehl
- 300 ml Sahne
- 2 TL Paprikapulver

Zeitbedarf
- 35 Minuten

So geht's

1. Felchenfilets mit kaltem Wasser abspülen, trocken tupfen. Mit Essig beträufeln, salzen und leicht pfeffern.

2. Zwiebeln schälen und fein hacken. Gemüsebrühe oder Fischfond erhitzen, beiseitestellen. Zitronenbasilikum zupfen und fein schneiden.

3. Öl in einer Pfanne erhitzen. Zwiebeln anschwitzen, Fischfilets zufügen und von jeder Seite 1 Minute braten. Filets aus der Pfanne nehmen und mit Folie abdecken.

4. Mehl in die Pfanne geben, mit einem Schneebesen gut verrühren und gleichzeitig Brühe oder Fischfond zugeben. Kurz aufkochen, Sahne und Paprikapulver hinzufügen.

5. Felchenfilets wieder in die Pfanne geben und 6–7 Minuten garen lassen. Kurz vor Ende der Garzeit das Zitronenbasilikum einstreuen.

Dazu Reis oder kleine neue Kartoffeln servieren.

SO SCHMECKT'S AUCH Die Felchen in der Pfanne ausbraten und mit Salat-Creme servieren. Dazu einen kleinen Kopfsalat waschen und hacken. Mit 1 gehackten Zwiebel in Öl weich schmoren, dann mit 1 EL Sesam-Mus pürieren. Mit Salz, Pfeffer und Zitronensaft abschmecken.

FISCH FILETIEREN
Schritt für Schritt, damit es klappt

WAS AUF DEN ERSTEN BLICK KOMPLIZIERT UND SCHWIERIG AUSSIEHT, GEHT MIT ETWAS GESCHICK UND ÜBUNG LEICHT VON DER HAND.

Sie haben einen ganzen Fisch, benötigen aber Fischfilets? Beispielsweise für ein Gericht, in dem der Fisch in einer Sauce serviert, in Butter gedünstet oder frittiert werden soll? Oder als Basis für die Herstellung einer Mousse oder Terrine?

Die Technik des Filetierens ist im Prinzip bei allen Fischarten gleich. Wer einmal den richtigen Dreh gefunden hat und das geeignete Werkzeug benutzt, kann mit den nachfolgend beschriebenen und auf der gegenüberliegenden Seite im Bild dargestellten Handgriffen alle Arten von Fisch problemlos filetieren. Ein Unterschied besteht lediglich darin, dass man bei Plattfischen (z. B. Scholle, Seezunge) vier Filets schneidet, also von jeder Seite zwei, und bei runden Fischen (z. B. Forelle, Saibling) zwei, von jeder Seite eines. Zudem wird bei Plattfischen die Haut bereits vor dem Filetieren abgezogen (außer wenn sie pochiert werden), während man bei runden Fischen erst die Filets häutet.

Egal, welche Art Fisch Sie filetieren: Wichtig ist vor allem, dass Sie dazu ein scharfes Messer mit langer, biegsamer Klinge benutzen. Diese ist notwendig, damit sich das Messer dem weichen Fleisch des Fisches besser anpassen kann.

RICHTIG SCHNEIDEN

Zum Filetieren eines runden Fisches schneiden Sie am Rückgrat entlang vom Kopf bis zum Schwanz so tief in das Fleisch ein, dass das Rückgrat freigelegt wird [→ a]. Durch einen Schnitt hinter den Kiemen lösen Sie das Filet vom Kopf [→ b]. Trennen Sie nun das Filet von den Gräten, indem Sie es am Kopfende mit der einen Hand festhalten und mit der anderen Hand das Messer mit Druck über die Gräten bis zum Schwanz gleiten lassen [→ c]. Den Fisch wenden und das zweite Filet auf die gleiche Weise von den Gräten trennen.

Zum Entfernen der Haut legen Sie das Filet mit der Hautseite nach unten auf die Arbeitsfläche oder ein Brett. Zuerst lösen Sie am Schwanzende ein Stück von der Haut ab [→ d]. Halten Sie dieses Hautstück mit der einen Hand fest und führen Sie mit der anderen Hand das Messer vorsichtig zwischen Haut und Filet entlang, um die Haut vom Fleisch zu trennen [→ e]. Noch vorhandene Gräten zusammen mit der Bauchflosse entfernen.

FISCH FILETIEREN

[a]

[b]

[c]

[d]

[e]

FISCHFOND KOCHEN

EINE BASIS KOCHEN
Der Fischfond – eine gute Grundlage

EIN GUTER FOND IST DIE BASIS VIELER FISCHGERICHTE. DURCH KRÄUTER, GEWÜRZE ODER WEIN BEKOMMT ER EINEN NOCH INTENSIVEREN GESCHMACK.

Zutaten für ca. 1 l

- 1 kg Fischkarkassen (Gräten mit Fleischresten, ohne Köpfe, auch Schalen von Krebsen)
- 2 EL Öl
- ¼ l trockener Weißwein
- 1 l Wasser
- 80 g Schalotten
- 50 g Petersilienwurzel
- 100 g Weißes vom Lauch
- 50 g Staudensellerie
- 50 g Champignons
- 1 Zweig Thymian
- 5 weiße Pfefferkörner

Zeitbedarf
- 20 Minuten +
  20 Minuten garen

So geht's

1. Die Karkassen ca. 15 Minuten in kaltem Wasser einlegen, auf ein Sieb schütten und abtropfen lassen. Das Öl in einem Topf erhitzen. Die Karkassen kurz andünsten, mit Weißwein ablöschen, aufkochen lassen und mit Wasser auffüllen. Langsam wieder erhitzen.

2. Schalotten schälen und hacken. Petersilienwurzel abschaben und klein schneiden. Lauch und Staudensellerie waschen und klein schneiden. Champignons abreiben und schneiden.

3. Schalotten, Gemüse und Champignons sowie Thymian und Pfefferkörner zum Sud geben und diesen ca. 20 Minuten bei niedriger Hitze köcheln lassen. Den sich bildenden Schaum mehrmals abschöpfen. Den Fischfond durch ein Passiertuch gießen, erkalten lassen und entfetten.

SELBST ZUBEREITET SCHMECKT BESSER Zwar kann man fertige Fischfonds in oft guter Qualität im Delikatessenladen oder im gut sortierten Supermarkt kaufen. Es geht aber nichts über einen selbst frisch zubereiteten Fond. Dessen Herstellung ist gar nicht so schwer und empfiehlt sich vor allem dann, wenn ganze Fische zur Weiterverarbeitung auf dem Küchentisch liegen, weil dann die wichtigste Zutat schon da ist: die Gräten. Fonds halten sich im Kühlschrank etwa eine Woche, man kann sie aber auch in kleinen Portionen einfrieren.

AAL

DER AAL
fühlt sich überall wohl

WEGEN SEINES UNVERKENNBAREN GESCHMACKS IST DER AAL SEIT JEHER ÄUSSERST BELIEBT. AUFGRUND SEINES HOHEN FETTGEHALTS WIRD ER ABER AUCH VON VIELEN VERSCHMÄHT.

Der Aal lebt sowohl im Salz- als auch im Süßwasser. Sein Laichplatz befindet sich in der Sargassosee im Atlantischen Ozean zwischen den Westindischen Inseln und den Bermudas. Sind die Jungtiere (pro Weibchen 8–9 Mio. Eier) geschlüpft, schwimmen sie – begünstigt durch den Golfstrom – innerhalb von 3 Jahren an die europäischen Küsten und gelangen von dort ins Süßwasser. Dies geschieht entweder auf natürlichem Weg oder sie werden an den Flussmündungen mit Netzen gefangen und dann in Flüssen, Seen oder Teichen ausgesetzt.

Männliche Aale sind rund 50 cm lang und 200 g schwer, weibliche hingegen wachsen bis zu einer Länge von 150 cm und können bis zu 6 kg an Gewicht zulegen. Die für ihn typische, lang gestreckte Form entwickelt der Aal erst im Lauf seines Lebens.

Wegen seines hohen Fettgehalts wird der Aal von vielen gemieden. Ein Tipp: Durch sachgerechtes Entfernen der Haut vor dem Verzehr entledigt man sich eines Großteils des Fetts. Der lange Fisch, der wegen der vielen ihn durchziehenden Nervenstränge auch nach dem Schlachten noch zucken und einem einen gehörigen Schrecken einjagen kann, eignet sich für verschiedenste Zubereitungsarten. Am häufigsten wird er geräuchert oder gebraten.

Fangzeit Mai bis September

AAL GRÜN
mit gartenfrischen Kräutern

EIN KLASSISCHES REZEPT FÜR DIESEN FISCH. ERST GART DER AAL IM SUD, DANN DARF ER EIN BAD IN EINER FEINEN SAUCE GENIESSEN.

Zutaten für 4 Portionen

- 1 küchenfertiger Aal (ca. 800 g)
- 1 Zitrone
- 1 Bund Dill
- 1 Bund Petersilie
- 1 Zwiebel
- 1 Möhre
- Öl zum Anschwitzen
- 200 ml Weißwein
- 375 ml Wasser
- 2 Lorbeerblätter
- ½ TL Pfefferkörner
- 4 Wacholderbeeren
- Salz, Pfeffer aus der Mühle
- ½ TL Zucker
- 1 Eigelb
- 60 ml Sahne
- 30 g Butter
- 2 EL Mehl

Zeitbedarf
- 45 Minuten + 45 Minuten marinieren und garen

So geht's

1. Aal waschen, in Würfel schneiden (Gulasch-Format) und in eine Schüssel geben [→a]. Zitrone auspressen. Den Fisch mit Zitronensaft beträufeln (etwas Saft für die Sauce übrig lassen), abdecken und 15 Minuten ziehen lassen. Dill und Petersilie hacken, beiseitestellen.

2. Zwiebel schälen und hacken, Möhre schälen und klein schneiden. Zwiebel und Möhre in einem großen Topf in Öl anschwitzen. Wein und Wasser angießen, Lorbeerblätter, Pfefferkörner und Wacholderbeeren zufügen. Aufkochen, Hitze reduzieren und 10 Minuten köcheln lassen. Den Sud durch ein Sieb in ein zweites Gefäß gießen, mit Salz, Pfeffer und Zucker abschmecken.

3. Die Flüssigkeit wieder in den Topf geben und bei geringer Hitze leicht simmern lassen. Den Aal dazugeben und 30 Minuten gar ziehen lassen [→ b]. Dann herausnehmen und mit Folie abdecken. Den Sud nicht weggießen!

4. Eigelb und Sahne verquirlen, beiseitestellen. Butter in einem Topf erhitzen, 1 EL Mehl dazugeben und mit dem Schneebesen glatt rühren. Nun abwechselnd Fischsud und Mehl in den Topf geben. Dabei ständig rühren und leicht kochen lassen, bis die Masse glatt ist. Zum Schluss Eigelb und Sahne zufügen und wieder glatt rühren.

5. Die gehackten Kräuter in die Sauce geben. Mit Pfeffer und Zitronensaft abschmecken [→ c]. Den Fisch in die Sauce geben und servieren.

Als Beilage eignen sich Salzkartoffeln, aber auch Reis.

POCHIERT

SO ZIEHT DER AAL IM FOND UND KOCHT NICHT

[b]

DAS IST *wirklich* WICHTIG

[a] LEBENDER AAL Unbedingt darauf achten, das der Aal noch lebt, wenn Sie zum Fischhändler kommen. Bei vorgeschlachtetem Aal kann es passieren, dass er beim Garen nicht die typische Farbe bekommt.

[b] FISCH ZIEHEN LASSEN Aufpassen, dass der Aal im Fond wirklich nur zieht, nicht kocht. Er zerfällt sonst oder wird zäh.

[c] SAUCE KOCHEN Wenn die Sauce zu fest erscheint, etwas Weißwein nachgießen, ist sie zu flüssig, noch etwas Mehl zugeben. Nach dem Abschmecken mit Zitronensaft die Sauce nicht mehr kochen lassen, sonst gerinnt sie.

CREMESUPPE
mit Räucheraal und Sauerkraut

EIN WÄRMENDER EINTOPF, DEM SAUERKRAUT DIE WÜRZE GIBT UND DER SICH AUCH MIT ANDEREN FETTHALTIGEN FISCHEN ZUBEREITEN LÄSST.

Zutaten für 4 Portionen

- 2 Schalotten
- 50 g durchwachsener Speck
- 2 Stangen Lauch
- 250 g Kartoffeln
- Öl zum Andünsten
- 300 g rohes Sauerkraut
- ¾ l Brühe aus vegetarischer Paste (Reformhaus)
- 125 g Räucheraal-Filet
- einige Stängel glatte Petersilie
- ¼ l Sahne
- Salz, Pfeffer aus der Mühle
- Muskatnuss

besonderes Werkzeug
- Stabmixer

Zeitbedarf
- 45 Minuten

So geht's

1. Schalotten schälen und hacken. Speck fein würfeln. Vom Lauch den grünen Teil abschneiden. Die weißen Stangen halbieren, unter fließendem Wasser abbrausen, dann in halbe Ringe schneiden. Die Kartoffeln schälen und in kleine Würfel schneiden.
2. Das Öl in einem Topf erhitzen, Schalotten darin andünsten. Sauerkraut, Lauch und Kartoffeln dazugeben. Alles kurz anschwitzen, mit Brühe auffüllen und 30 Minuten köcheln lassen.
3. Den Aal in schmale Streifen schneiden, Petersilie grob zupfen. Beides beiseitestellen.
4. Die Suppe mit einem Stabmixer pürieren. Sahne zugeben, noch einmal kurz aufkochen lassen. Mit Salz, Pfeffer und etwas geriebener Muskatnuss würzen.
5. Die geschnittenen Aalfilets in Suppentassen verteilen, mit Suppe auffüllen und mit der gezupften Petersilie garnieren.

Zu dieser Suppe passt kräftiges dunkles Brot. Einen Versuch wert ist auch gerösteter Pumpernickel.

SO SCHMECKT'S AUCH Die Suppe schmeckt zarter, wenn man sie statt mit Aal mit geräucherter Lachsforelle zubereitet. Dazu knuspriges Weißbrot servieren. Statt Petersilie kann man auch fein geschnittenen Schnittlauch verwenden. Ein Glas Champagner oder trockener Rieslingsekt schmeckt zu beiden Varianten.

SUPPE UND GERÄUCHERT

RÜHREI MIT RÄUCHERAAL
und frischen Kräutern

EIN KLASSIKER: GEHT SCHNELL, SCHMECKT HIMMLISCH. UND PASST NICHT NUR ZU EINEM LUXURIÖSEN SONNTAGSFRÜHSTÜCK – ABER DA BESONDERS GUT.

Zutaten für 4 Portionen

- 150 g geräucherter Aal
- ½ Bund frischer Dill
- ½ Bund frischer Schnittlauch
- 6 Eier
- 100 ml Milch
- Salz, Pfeffer aus der Mühle
- 1 EL Margarine oder Butter

Zeitbedarf
- 20 Minuten

So geht's

1. Den Aal abziehen, mit einer Pinzette die Gräten herausziehen. Den Fisch in feine Streifen schneiden.

2. Kräuter waschen und fein hacken. Eier und Milch verschlagen – es darf ruhig ein bisschen schäumen. Mit Salz und Pfeffer würzen.

3. Margarine oder Butter in einer Pfanne heiß werden lassen. Die Eiermasse hineingeben. Langsam stocken lassen, dabei vorsichtig mit einem Holzlöffel hin und her bewegen. Das Ei nicht zerrühren, es muss großflockig sein.

4. Bevor die Masse fest ist, den Räucheraal darauf verteilen. Danach die Pfanne noch kurz auf dem ausgeschalteten Herd stehen lassen. Das Rührei mit Dill und Schnittlauch bestreuen.

Als Beilage passen grüner Salat und Weißbrot oder Bratkartoffeln. Wer Fett sparen möchte, serviert Ofenkartoffeln dazu.

SO SCHMECKT'S AUCH Mit Sahne anstatt Milch wird das Rührei noch etwas eleganter, mit einem Schuss kohlensäurehaltigem Mineralwasser noch weicher. Mit Lachs anstelle von Aal schmeckt das Rührei ebenfalls sehr gut, in diesem Fall aber den Dill weglassen.

AAL

DAS IST *wirklich* WICHTIG

[a] GEMÜSE ANRÖSTEN Keine dunklen Stellen entstehen lassen, damit keine Bitterstoffe in die Sauce übergehen.

[b] AAL VORBEREITEN Den Aal vor dem Braten in Mehl wenden, dann behält er seine Konsistenz.

[c] FLAMBIEREN Keine Angst vor dem Flambieren: Der Alkohol verbrennt, dem Fisch kann dabei nichts passieren.

GEBRATEN

AAL FLAMBIERT
mit kräftiger Specksauce

SO SOLLEN DIE MATROSEN DEN AAL GERNE ESSEN. ABER AUCH LANDRATTEN MÖGEN DIESES SCHMACKHAFTE GERICHT.

Zutaten für 4 Portionen

- 1 ganzer Aal (ca. 800 g)
- 2 Zwiebeln
- 1 große Möhre
- 50 g durchwachsener Speck
- ½ l trockener Rotwein
- ½ l trockener Weißwein
- Salz, Pfeffer aus der Mühle
- 2 Lorbeerblätter
- 1 Nelke
- Mehl zum Wenden
- Butter zum Anbraten
- 10 ml Cognac
- ½ Bund frische Petersilie
- 5 EL Butter für die Sauce

besonderes Werkzeug
- Stabmixer

Zeitbedarf
- 1 ¼ Stunden + ca. 1 ¼ Stunden garen

So geht's

1. Den Aal häuten, Kopf abtrennen, Flossen entfernen. Kopf, Schwanz und Flossen beiseitestellen, sie werden für den Fond gebraucht. Aalfleisch in Stücke schneiden, kalt stellen.

2. Zwiebeln schälen und hacken. Möhre schälen und in kleine Würfel schneiden. Speck würfeln. In einem großen Topf Zwiebeln, Möhre und Speck anrösten [→ a]. Aalkopf, Schwanz und Flossen dazugeben, umrühren. Den Wein zugießen, mit Salz und Pfeffer würzen, Lorbeerblätter und Nelke hinzufügen. Den Topf verschließen und das Ganze 1 Stunde lang leicht kochen lassen. Bei Bedarf noch etwas Weiß- und Rotwein nachfüllen.

3. Nach 1 Stunde den Sud durch ein Sieb abgießen. Den Ofen auf 200 °C (Umluft 180 °C) vorheizen.

4. Die Aalstücke mit Salz und Pfeffer würzen und in Mehl wenden [→ b]. Überschüssiges Mehl abklopfen. Die Butter in einem Topf oder Bräter erhitzen und den Fisch darin von allen Seiten anbraten. Mit dem Cognac übergießen und anzünden [→ c]. Von dem passierten Sud so viel zugießen, dass der Fisch gut bedeckt ist. Im Ofen 12–15 Minuten garen lassen.

5. Petersilie waschen und hacken. Topf aus dem Ofen nehmen, den Fisch herausheben und mit Folie bedecken, damit er nicht auskühlt. Sauce noch einmal durch ein Sieb streichen, Butter in kleinen Stücken dazugeben, sehr heiß werden lassen, aber nicht mehr kochen. Mit einem Stabmixer kurz durchrühren.

6. Den Aal in eine Schüssel anrichten und die Sauce darübergeben. Mit der Petersilie bestreuen.

Als Beilage passen Bratkartoffeln.

FLUSSBARSCH

DER FLUSSBARSCH
Stachelig und bunt

DER BARSCH, AM BODENSEE, IN DER SCHWEIZ UND IN ÖSTERREICH AUCH ALS EGLI BEKANNT, IST EIN FARBINTENSIVER RAUBFISCH.

Er zählt zu den beliebtesten Speisefischen. Schon die Römer haben den Flussbarsch als Delikatesse geschätzt. Sein Fleisch ist fest, mager, grätenarm und überaus schmackhaft. Seine Bauch- und Rückenflosse sind rötlich, sein Körper ist grünlich und hat meistens schwarze Streifen.

Der Flussbarsch, der überall in Europa gefangen wird und sich im Süßwasser wohlfühlt, kann bis zu 3 kg schwer und 40 cm lang werden. Sein maximales Alter liegt bei 12 Jahren. Er lebt sowohl in fließenden als auch in stehenden Gewässern, allerdings muss die Wasserqualität stimmen. Klare Gewässer ohne starke Strömungen sowie Buchten und Ufer mit Pflanzenbewuchs sind der bevorzugte Lebensraum dieses Fisches.

Ein besonderes Merkmal der Barsche sind ihre kleinen, panzerartigen Schuppen, die vor der Zubereitung entfernt werden müssen. Hantieren Sie vorsichtig mit dem Messer oder benutzen Sie ein Reibeisen, mit dem sich die fest sitzenden Schuppen relativ problemlos entfernen lassen. Typisch für den Barsch ist auch seine geteilte Rückenflosse, die mit spitzen, harten Stacheln besetzt ist. Achten Sie deshalb besonders auf diese Rückenflosse, denn Verletzungen können zu unangenehmen Wunden führen.

Kleinere Exemplare des Flussbarschs sollten vor der Zubereitung am besten filetiert werden (siehe Seite 34), die größeren Vertreter können auch als ganze Fische im Backofen gegart werden.

Fangzeit ganzjährig

FLUSSBARSCH

GEBRATENER BARSCH
mit Tomaten-Risotto

ZARTER FISCH, CREMIGER REIS, SÜSSE TOMATEN: EINE WUNDERBARE MISCHUNG. AUSPROBIEREN LOHNT SICH.

Zutaten für 4 Portionen

4 Barschfilets (à ca. 150 g)
Salz, Pfeffer aus der Mühle
2 Zwiebeln
20 g Butter
250 g Risottoreis
1 ½ l Fischfond (Rezept siehe Seite 36), ersatzweise aus dem Glas
1 Dose geschälte Tomaten (Abtropfgewicht 240 g)
100 ml Orangensaft
50 ml Weißwein
Salz
weißer Pfeffer aus der Mühle
Zucker
5 EL Butter + 1 EL Öl zum Braten
evtl. etwas Blattpetersilie zum Garnieren

Zeitbedarf
- 1 Stunde

So geht's

1. Die Barschfilets unter kaltem Wasser abspülen, trocken tupfen. Mit Salz und Pfeffer einreiben.

2. Zwiebeln schälen und fein hacken. Butter in einem Topf erhitzen, Zwiebeln darin anschwitzen. Reis dazugeben und bei mittlerer Hitze glasig werden lassen **[→ a]**. Kalten Fischfond angießen. Bei mittlerer Hitze unter Rühren 20 Minuten köcheln lassen.

3. Die Tomaten aus der Dose nehmen, von Hand leicht ausdrücken, sodass sie den Großteil ihrer Kerne verlieren. Grob hacken, mit Orangensaft, Weißwein und dem Sud aus der Dose zum Risotto geben. Weitere 10 Minuten köcheln lassen. Mit Salz, Pfeffer und wenig Zucker abschmecken. Topf vom Feuer nehmen und schließen, damit der Reis warm bleibt; er hält seine Temperatur bis zu 40 Minuten.

4. Butter in einer Pfanne erhitzen, das Öl hinzufügen **[→ b]**. Die Barschfilets auf beiden Seiten jeweils 2–3 Minuten scharf anbraten.

5. Risotto in eine Form anrichten, die Barschfilets darauflegen. Nach Geschmack mit gezupfter Petersilie garnieren.

Dazu Kopfsalat an einer milden Weißwein-Vinaigrette reichen.

GEBRATEN

DAS IST *wirklich* WICHTIG

[a] **GUTER RISOTTO** Beim Risottoreis auf die Qualität achten, also keinen für Milchreis ausgewiesenen Reis verwenden, da dieser beim Kochen meistens zu weich wird.

[b] **BUTTER UND ÖL** Die Mischung beider Fette in der Pfanne bewirkt, dass die Butter nicht verbrennt, wenn sie heiß wird. Damit der feine Buttergeschmack nicht verloren geht, kein Olivenöl, sondern lieber ein geschmacksneutrales Öl, z. B. Sonnenblumenöl, verwenden.

FLUSSBARSCH

DAS IST *wirklich* WICHTIG

[a] MANDELN BRATEN Sobald die Mandeln in der Butter sind, sofort die Hitze reduzieren, sie verbrennen sonst sehr schnell.

GEBRATEN

BARSCH MIT MANDELBUTTER
und Erbsenpüree

ÜPPIG, KLASSISCH UND SEHR, SEHR LECKER: VON DIESEM ESSEN BLEIBT GARANTIERT KEIN KRÜMEL ÜBRIG.

Zutaten für 4 Portionen

- 4 Barschfilets (à ca. 150 g)
- Salz, Pfeffer aus der Mühle
- 1 ½ Bio-Zitronen
- 6 – 7 EL Butter zum Braten
- 4 EL Butter für die Sauce
- 150 g Mandelblättchen

Für das Erbsenpüree

- 150 ml Wasser
- 300 g tiefgekühlte junge Erbsen
- 1 TL Zucker
- 1 TL Sonnenblumenöl
- Salz

Zeitbedarf
- 30 Minuten

So geht's

1. Die Barschfilets unter kaltem Wasser abspülen, trocken tupfen. Mit Salz und Pfeffer einreiben.
2. Die halbe Zitrone auspressen, die ganze Zitrone schälen und in Scheiben schneiden.
3. 6 – 7 EL Butter in einer Bratpfanne schmelzen lassen. Fischfilets bei niedriger Hitze je nach Dicke von jeder Seite 3 – 5 Minuten braten. Filets aus der Pfanne nehmen, mit Folie bedecken oder im Backofen warm stellen (150 °C, Umluft 120 °C).
4. Für das Erbsenpüree das Wasser aufkochen. Erbsen und Zucker hineingeben, 3 Minuten kochen und weitere 5 Minuten simmern lassen. Mit dem Stabmixer pürieren, das Sonnenblumenöl hinzufügen. Mit Salz abschmecken.
5. In der Bratpfanne 3 EL Butter schmelzen lassen. Die Mandelblättchen hinzufügen und leicht bräunen lassen (Butter darf nicht braun werden) [→ a]. Mandeln herausnehmen. Nochmals 1 EL Butter in die Pfanne geben und heiß werden lassen. Mit dem Zitronensaft ablöschen und mit Salz und Pfeffer abschmecken.
6. Fischfilets auf Teller anrichten. Jeweils 1 – 2 EL Sauce über die Filets geben. Mit Mandeln bestreuen und mit den Zitronenscheiben und dem Erbsenpüree servieren.

Anstelle des Erbsenpürees passt als Beilage auch gemischter Reis (Reis mit einem Anteil Wildreis).

Die Variante

Gebratener Barsch mit Feldsalat

Für den Feldsalat eine Vinaigrette aus 3 EL bestem Olivenöl, 1 EL Zitronensaft, 1 kleinen, sehr fein gewürfelten Zwiebel, ½ TL Senf und ½ TL Apfelgelee herstellen. 200 g geputzten Feldsalat nochmals abbrausen und in einem Küchentuch trocken schleudern. Mit der Vinaigrette gut vermischen. Die Fischfilets wie nebenstehend angegeben zubereiten, aber auf die Mandeln verzichten. Mit dem Feldsalat und hellem Bauernbrot servieren.

FLUSSBARSCH

GEFÜLLTE BARSCHFILETS
mit aromatischen Kräutern

EIN SOMMERLICHER FISCHGENUSS. DIESELBE ZUBEREITUNG EIGNET SICH AUCH FÜR FORELLEN AUSGEZEICHNET.

Zutaten für 4 Portionen

8 Barschfilets (à 150 g)	
Salz, Pfeffer aus der Mühle	
1 Bio-Zitrone	
3 Stängel glatte Petersilie	
3 Stängel Basilikum	
3 Zweige Salbei	
3 Zweige Thymian	
40 g Parmesan	
1 Scheibe Weißbrot (ca. 20 g)	
1 EL Semmelbrösel	
125 ml Sahne	
50 g Mehl	
50 g Butter	
Salz, Pfeffer aus der Mühle	

besonderes Werkzeug
- Rouladenspieße oder Zahnstocher

Zeitbedarf
- 30 Minuten +
  30 Minuten kühlen

So geht's

1. Barschfilets unter kaltem Wasser abspülen, trocken tupfen. Fisch mit Salz und Pfeffer würzen. Zitronenschale abreiben. Die Filets nebeneinander in ein Gefäß legen. Die abgeriebene Zitronenschale über die Filets streuen.

2. Die Kräuter von den Stängeln zupfen und fein hacken. Alle Kräuter mischen und 1 EL der Mischung auf die Fischfilets streuen. Das Gefäß abdecken und für ca. 30 Minuten in den Kühlschrank stellen.

3. Parmesan reiben [→ a], Weißbrot zerpflücken. Mit den restlichen Kräutern und den Semmelbröseln in eine Schüssel geben. Mit Sahne, Salz und Pfeffer zu einer feuchten Masse vermischen und 5 Minuten durchziehen lassen [→ b].

4. Fischfilets aus dem Kühlschrank holen. Vier Filets auf der Bauchseite mit jeweils einem Viertel der Kräutermasse bestreichen. Die anderen Filets mit der Bauchseite nach innen darüberlegen. Mit Rouladenspießen oder Zahnstochern zusammenstecken [→ c].

5. Das Mehl auf einen Teller geben, die gefüllten Filets darin wenden. Die Butter in einer Pfanne zerlaufen lassen und die Fisch-Päckchen von jeder Seite 3–5 Minuten braten. Aus der Pfanne nehmen. Die Rouladenspieße entfernen und die Päckchen auf Teller anrichten.

Dazu passen Pellkartoffeln und Salat.

SO SCHMECKT'S AUCH Bei den Kräutern können Sie nach Belieben variieren. Abgesehen von Dill und Minze passt geschmacklich fast alles. Probieren Sie auch eher seltene Sorten wie etwa Giersch. Ein besonderer Tipp ist Zitronenmelisse.

GEBRATEN

DAS IST *wirklich* WICHTIG

[a] AROMATISCHER KÄSE Beim Einkauf nach gereiftem Parmesan fragen: je älter, desto ausgeprägter sein Aroma.

[b] KRÄUTERMASSE Darauf achten, dass die Kräutermischung durch die Sahne nicht zu flüssig wird. Falls nötig etwas mehr Semmelbrösel verwenden.

[c] FISCHE VERSCHLIESSEN Die Fischfilets sorgfältig zusammenstecken, damit die Füllung beim Braten nicht austritt. Sollte dies doch passieren, die ausgetretene Füllung in der Pfanne mit 2 TL Crème fraîche und 1 TL Noilly Prat (trockener Wermut) vermischen, kurz aufkochen lassen und über die angerichteten Fische träufeln.

[c]

FLUSSBARSCH

BARSCHFILETS
mit Orangen-Chicorée

KEINE ANGST VOR CHICORÉE: WENN MAN DIESES FEINE GEMÜSE RICHTIG BEHANDELT, SCHMECKT ES ÜBERHAUPT NICHT BITTER.

Zutaten für 4 Portionen

- 4 Barschfilets (à 150 g)
- 80 g Butter
- Salz
- 1 Bio-Orange
- 500 g Chicorée
- Pfeffer aus der Mühle
- Zucker
- 3–4 EL Crème fraîche
- glatte Petersilie zum Garnieren

Zeitbedarf
- 45 Minuten

So geht's

1. Den Ofen auf 150 °C (Umluft 120 °C) vorheizen. Die Barschfilets unter fließendem kaltem Wasser abspülen, trocken tupfen. Die Hälfte der Butter in einer Pfanne erhitzen, bis sie schäumt. Die Fischfilets hineingeben und von jeder Seite 30 Sekunden braten. Mit Salz würzen, auf eine Platte legen und im Ofen warm halten.

2. Orangenschale abreiben, Orange auspressen. Den Chicorée heiß abspülen und halbieren. Mit einem spitzen Messer den bitteren Kern keilförmig herausschneiden. Die großen Chicoréeblätter in Streifen schneiden, die kleinen ganz lassen.

3. Restliche Butter erhitzen und den Chicorée unter Wenden darin anbraten. Mit Orangensaft ablöschen und kurz dünsten. Mit Orangenschale, Salz, Zucker und Pfeffer würzen und ohne Deckel dünsten, bis fast die gesamte Flüssigkeit verdampft ist. Crème fraîche unterrühren.

4. Fisch aus dem Ofen nehmen. Ausgetretenen Fischsaft unter den Chicorée rühren. Gemüse nochmals erhitzen und abschmecken. Chicorée auf eine Servierplatte geben und die Barschfilets darauf anrichten. Mit gezupfter Petersilie garnieren.

Dazu passen kurze Nudeln oder Bratkartoffeln.

SO SCHMECKT'S AUCH Chicorée ist ein Saisongemüse, das nur bis ins Frühjahr auf dem Markt ist. Verwenden Sie stattdessen auch einmal Chinakohl, den es das ganze Jahr über gibt. Besonders gut schmeckt der Barsch auch mit jungem Sommerwirsing. Beide Gemüse werden wie der Chicorée in Butter angedünstet und mit der Orangensauce verfeinert.

GEBRATEN

SAURER BARSCH
mit brauner Butter

ERST WIRD ER EINGELEGT, DANN MUSS ER RUHEN. UND SPÄTER MUSS DER BARSCH DANN NUR NOCH GANZ KURZ GEBRATEN WERDEN.

Zutaten für 4 Portionen

4 Barschfilets (à 150 g)

50 ml Weißwein

50 g Mehl

Salz, Pfeffer aus der Mühle

100 ml Sonnenblumenöl

50 g Butter

1 Zitrone

Zeitbedarf
- 30 Minuten +
  1 Stunde marinieren

So geht's

1. Die Barschfilets unter kaltem Wasser abspülen, trocken tupfen. Dann in eine Form legen und mit dem Wein begießen. Die Form mit Folie abdecken und die Filets ca. 1 Stunde im Kühlschrank ziehen lassen.

2. Das Mehl in einen Teller geben. Die Fischfilets aus der Marinade nehmen, abtropfen lassen und mit Küchenpapier trocken tupfen. Mit Salz und Pfeffer würzen und im Mehl wenden. Überschüssiges Mehl abklopfen.

3. Das Öl in einer Pfanne heiß werden lassen. Die Fischfilets auf jeder Seite ca. 3 Minuten goldgelb braten. Den Fisch aus der Pfanne nehmen und mit Alufolie abdecken. In derselben Pfanne die Butter erhitzen und hellbraun-schaumig werden lassen (Pfanne zuvor nicht auswaschen, der Fischansatz verleiht der Butter ein noch besseres Aroma).

4. Die Barschfilets auf Teller anrichten und mit der braunen Butter begießen.

Als Beilage eignen sich neue Kartoffeln oder Kartoffelstampf (Rezept siehe Seite 25, Oliven weglassen) und Gurkensalat.

FLUSSKREBS

DER FLUSSKREBS
schwimmt gut im Sud

LANGE JAHRE WAR ER EINE EBENSO EDLE WIE RARE DELIKATESSE. HEUTE IST DER SÜSSWASSERKREBS WIEDER SEHR WEIT VERBREITET.

Flusskrebse erinnern wie alle Vertreter ihrer Gattung äußerlich an einen Hummer. Ihr Körper ist gedrungen und die Farbe ihres Panzers variiert von mittelbraun bis blauschwarz, erst im kochenden Wasser verfärben sie sich rot. Die Unterseite der Scheren und die Gelenke haben jedoch schon beim lebenden Krebs eine rote Färbung.

Gefangen werden die Flusskrebse im Alter von ca. 5 Jahren, wenn sie eine Größe von 15–20 cm und ein Gewicht von ca. 150 g erlangt haben.

Das Fleisch des Flusskrebses eignet sich hervorragend als Ragout, zur Herstellung von Krebsbutter oder als Zutat in Salaten. Im Ganzen schmecken die Krebse besonders gut, wenn man sie in einem Sud zubereitet, dem je nach Jahreszeit unterschiedliche Kräuter und Gemüse beigemischt sind.

Ein mineralischer Riesling von der Mosel passt zu den meisten Flusskrebs-Gerichten wunderbar; zu einem Flusskrebs-Cocktail sollten Sie aber auch einmal einen edelsüßen Wein probieren.

Fangzeit Mai bis September, regional unterschiedlich

FLUSSKREBS

FLUSSKREBS-COCKTAIL
mit Äpfeln und Ananas

EINE HAUSGEMACHTE KÖSTLICHKEIT, DER KAUM JEMAND WIDERSTEHEN KANN. BEIM OBST KÖNNEN SIE NACH BELIEBEN VARIIEREN.

Zutaten für 4 Portionen

- 1 Zitrone
- ½ Bund Dill
- 1 Eigelb
- Salz, Pfeffer aus der Mühle
- 125 ml Sonnenblumenöl
- 3 EL Bio-Tomatenketchup
- 2 EL Cognac
- 3 Spritzer Tabasco
- 1 TL Zucker
- 1 kleine rote Zwiebel
- ¼ frische, geschälte Ananas (ersatzweise 3 Scheiben ungezuckerte Ananas aus der Dose)
- 1 mittelgroßer Apfel
- 300 g gekochte, geschälte Flusskrebse

Zeitbedarf
- 20 Minuten

So geht's

1. Die Zitrone auspressen und den Dill hacken (etwas Dill zum Garnieren übrig behalten). Eigelb mit 1 EL Zitronensaft, Salz und Pfeffer verrühren. Das Öl zunächst tropfenweise, dann in einem dünnen Strahl dazugeben, dabei unablässig mit dem Schneebesen rühren. Wenn die Masse glatt ist, Ketchup, Cognac, Tabasco, Zucker und nach Geschmack nochmals 1 TL Zitronensaft hinzufügen und alles zu einer Cocktailsauce vermengen. Mit Salz und Pfeffer abschmecken, den gehackten Dill einstreuen.

2. Zwiebel schälen und in sehr feine Würfel schneiden. Vorsichtig unter die Cocktailsauce ziehen. Die Ananas klein schneiden. Den Apfel schälen, vierteln, entkernen und in kleine Würfel schneiden. Das Obst unter die Sauce heben [→ a].

3. Zum Schluss die Flusskrebse unterheben. Den Cocktail in Schalen anrichten und mit Dill garnieren. Statt in Schalen kann der Cocktail auch auf Toastbrot oder, noch besser, auf geröstetem Graubrot serviert werden, etwa als aparte Kleinigkeit für Gäste zum Aperitif.

SO SCHMECKT'S AUCH Probieren Sie auch einmal eine Variante mit Krabben statt Flusskrebsen. Oder servieren Sie die Sauce zu geräucherten Forellenfilets. In diesem Fall das Obst weglassen. Eine weitere Möglichkeit: Die Mayonnaise ohne Ketchup zubereiten und dafür eine Handvoll Erdbeeren mit etwas Zucker kurz aufkochen, pürieren und zur Sauce geben. Mit etwas Meerrettich aus dem Glas abschmecken. Passt zu hellem, geräuchertem Fisch.

KREBSE KALT

DAS IST *wirklich* WICHTIG

[a] RICHTIG RÜHREN Der Flusskrebs-Cocktail lebt von den verschiedenen Konsistenzen: Die Sauce soll geschmeidig sein, das Obst muss noch Biss haben. Deshalb beim Vermengen der Zutaten Sorgfalt walten lassen. Die Mayonnaise mit Gewürzen und Kräutern kräftig rühren, alles andere nur noch leicht unterheben.

FLUSSKREBS

MELONENSUPPE MIT KREBSEN
eiskalt serviert

HIER SCHWIMMEN DIE KREBSE IN EINER FRUCHTIGEN SUPPE – EINE SCHÖNE VORSPEISE AN EINEM LAUEN SOMMERABEND.

Zutaten für 4 Portionen

2 Charentais-Melonen

1 Limette

¼ l weißer Portwein

Salz, Pfeffer aus der Mühle

4 Stängel Basilikum

2 Stängel Minze

16 gekochte, geschälte Flusskrebse

besonderes Werkzeug
- Stabmixer
- Kugelausstecher

Zeitbedarf
- 20 Minuten +
  2 Stunden kühlen

So geht's

1. Die Melonen heiß abwaschen, trocken reiben. Halbieren, die Kerne samt faserigem Fruchtfleisch mit einem Löffel herausschaben.

2. Mit einem kleinen Kugelausstecher 20 Kugeln aus dem Fruchtfleisch ausstechen. Die Kugeln abgedeckt in den Kühlschrank stellen. Restliches Fruchtfleisch aus den Melonen kratzen [→ a]. Die Schale nicht verletzen, denn die ausgehöhlten Melonenhälften sollen später als Suppentassen dienen.

3. Von den ausgehöhlten Melonenhälften unten eine dünne Scheibe abschneiden, sodass sie stehen können, und sie dann für 2 Stunden ins Gefrierfach stellen.

4. Limette auspressen. Das ausgekratzte Melonenfleisch mit dem Stabmixer pürieren. Mit Portwein, Limettensaft, Salz und Pfeffer kräftig abschmecken. Basilikum und Minze zupfen und in feine Streifen schneiden. Zur Melonensuppe geben, diese gut durchrühren und für mind. 2 Stunden in den Kühlschrank stellen.

5. Vor dem Servieren die gefrosteten Melonenschalen auf Teller stellen. Melonenkugeln und Krebsschwänze in die Schalen verteilen und mit der kalten Suppe auffüllen.

Dazu helles Baguette reichen.

KREBSE KALT

DAS IST *wirklich* WICHTIG

[a] MELONEN PRÜFEN Die Melonen müssen richtig reif sein, sonst lässt sich das Fleisch nicht richtig herauslösen. Reife Melonen erkennt man daran, dass sie am Stielansatz auf Druck leicht nachgeben.

FLUSSKREBS

LEIPZIGER ALLERLEI
mit Perlhuhnbrust und Flusskrebsen

VOM LAND UND AUS DEM WASSER: DIE UNTERSCHIEDLICHSTEN ZUTATEN VERSTEHEN SICH HIER AUSGEZEICHNET.

Zutaten für 4 Portionen

- 500 g Perlhuhnbrust (ersatzweise Hähnchenbrustfilet)
- 1 kleine Möhre
- 1 Zwiebel
- 1 kleines Stück Sellerie (ca. 20 g)
- 1 EL Öl oder Butter
- 500 ml Wasser
- je 250 g weißer Spargel, Blumenkohl, Brokkoli und Möhren
- Salz
- 250 g Butter
- 3 Eigelb
- 1 EL Weißwein
- Zitronensaft zum Abschmecken
- 16 gekochte, geschälte Flusskrebse
- evtl. Petersilie oder falscher Kaviar zum Garnieren

besonderes Werkzeug
- Stabmixer

Zeitbedarf
- 1 ¼ Stunden

So geht's

1. Perlhuhnbrust würfeln. Möhre, Zwiebel und Sellerie schälen und klein schneiden. Öl oder Butter heiß werden lassen. Zuerst die Zwiebeln, dann Möhre und Sellerie darin anschwitzen. Wasser dazugeben. Sobald es kocht, die Perlhuhnwürfel hinzufügen. Hitze reduzieren und das Geflügel leicht simmernd 15–20 Minuten gar ziehen lassen.

2. Spargel, Blumenkohl, Brokkoli und Möhren putzen und in mundgerechte Stücke teilen. Anschließend in kochendem Salzwasser bissfest blanchieren. In ein Sieb abschütten und im Ofen warm stellen oder mit Alufolie bedecken.

3. Für die Hollandaise 250 g Butter schmelzen. Eigelbe, Weißwein und etwas Salz in eine Schüssel geben. Diese auf einen Topf mit heißem Wasser stellen und die Eigelbe mit einem Schneebesen aufschlagen. Die geschmolzene Butter langsam zur Eimasse geben, dann die Sauce mit dem Stabmixer aufmixen [→ a]. Mit Zitronensaft abschmecken.

4. Die Perlhuhnbrust-Würfel und das Gemüse auf Teller anrichten, die Krebse darauf verteilen. Mit der Hollandaise überziehen. Nach Geschmack mit gezupfter Petersilie oder falschem Kaviar garnieren.

Als Beilage passen Baguette oder Reis.

DAS IST *wirklich* WICHTIG

[a] HOLLANDAISE RÜHREN Es ist wichtig, dass alle Zutaten für die Hollandaise warm verarbeitet werden. Dies gilt vor allem für die Butter. Sollte die Sauce dennoch gerinnen, können Sie sie einfach mit ein paar Tropfen kaltem Wasser noch einmal aufschlagen.

FLUSSKREBS

KREBSE WARM

HAFENMEISTER-TÖPFCHEN
mit Krabben, Krebsen und Forelle

AN DER WATERKANT EINE BELIEBTE MITTERNACHTSSPEISE AUF FESTEN.
DIE ZUBEREITUNG IST EINFACH, DOCH DAS ERGEBNIS BLEIBT LANGE IM GEDÄCHTNIS.

Zutaten für 4 Portionen

- 300 g frische Champignons
- 80 g durchwachsener Speck
- 100 g Nordseekrabben
- 100 g gekochte, geschälte Flusskrebse
- 1 Zitrone
- 400 g Forellenfilet ohne Haut (Bach- oder Regenbogenforelle)
- Salz, Pfeffer aus der Mühle
- 500 ml Sahne
- 2 EL Tomatenmark
- 2 TL eingelegte grüne Pfefferkörner
- evtl. Dill oder andere Kräuter zum Garnieren

Zeitbedarf

- 45 Minuten +
  45 Minuten überbacken

So geht's

1. Ofen auf 180 °C (Umluft 160 °C) vorheizen. Die Champignons putzen: Stiele herausdrehen und wegwerfen, Köpfe mit einem Pinsel säubern, dann in Scheiben schneiden (siehe „Pilze säubern" Seite 20). Den Speck würfeln. Champignons, Speckwürfel, Krabben und Krebse mischen.

2. Zitrone auspressen. Das Forellenfilet mit Zitronensaft säuern (etwas Saft für die Sauce übrig behalten), salzen und pfeffern. Den Fisch etwas ziehen lassen, dann in Würfel schneiden. Mit den Champignons, Krabben, Krebsen und Speckwürfeln mischen und in eine ofenfeste Form geben.

3. Die Sahne mit Tomatenmark und grünen Pfefferkörnern vermengen, mit Zitronensaft und Salz abschmecken und in der Form verteilen.

4. Das Hafenmeister-Töpfchen im vorgeheizten Ofen ca. 45 Minuten überbacken. Vor dem Servieren nach Geschmack mit frischem Dill oder anderen Kräutern garnieren.

Dazu reichen Sie Bratkartoffeln oder ein kräftiges Brot und als Getränk ein nicht zu bitteres Bier oder einen leichten Riesling.

Die Variante

Pikantes Krabben-Pfännchen
Das Hafenmeister-Töpfchen mit Lachsforelle zubereiten und nur Krabben, keine Krebse verwenden. Für eine helle, fein-pikante Sauce das Tomatenmark und den grünen Pfeffer weglassen, dafür 50 g Blauschimmelkäse in der Sahne schmelzen lassen.

FLUSSKREBS

ORANGENBUTTER-KREBSE
pikant und fruchtig

WENN SIE MIT WENIG AUFWAND ETWAS FEINES AUF DEN TISCH ZAUBERN WOLLEN, VERSUCHEN SIE ES MIT DIESEM REZEPT.

Zutaten für 4 Portionen

- 4 Stängel Estragon
- 1 mittelgroße Zwiebel
- 1 Bio-Orange
- 1 EL Butter zum Anschwitzen
- 300 g gekochte, geschälte Flusskrebse
- Salz, Pfeffer aus der Mühle
- 50 g Butter
- 30 g Mehl
- 50 ml Sahne

Zeitbedarf
- 30 Minuten

So geht's

1. Estragonblätter von den Stängeln zupfen. Zwiebel schälen und klein schneiden. Orange heiß abwaschen, trocken reiben und auspressen [→ a].

2. 1 EL Butter in einem Topf auslassen und die Zwiebel darin andünsten. Den Orangensaft angießen, die Flusskrebse dazugeben, mit Salz und Pfeffer würzen. Estragonblätter einstreuen.

3. 50 Gramm Butter und 30 g Mehl verkneten [→ b]. Die Sahne schlagen. Von der Mehlbutter so viel in die heiße, nicht mehr kochende Sauce rühren, dass sie sämig wird. Vom Herd nehmen und die geschlagene Sahne unterheben.

4. Die Flusskrebse auf Teller anrichten und mit der Sauce überziehen.

Als Vorspeise mit Toastbrot oder als Hauptgericht mit einem luftigen Kartoffelpüree servieren. Dazu schmeckt ein Weißwein mit ausgeprägtem Aroma, etwa Gewürztraminer, aber auch ein Sauvignon blanc.

KREBSE WARM

DAS IST *wirklich* WICHTIG

[a] SCHALE DER ORANGE Orangen immer heiß abwaschen und sorgfältig trocken reiben, auch wenn Sie die Frucht auspressen wollen und vor allem, wenn Sie kein Bio-Obst bekommen haben: Es könnten Spuren von Spritzmitteln auf der Schale in den Saft gelangen.

[b] TEMPERATUR DER BUTTER Die Butter, die mit dem Mehl verknetet wird, sollte handwarm sein, im Zweifelsfall eher kälter.

FORELLE

FORELLEN
bedroht und erfunden

DIE BACHFORELLE

Für uns als Angler und Naturschützer die wichtigste Forelle, denn sie ist unsere heimische Forellenart. Auf Grund ihrer Färbung wird sie auch die Rotgepunktete genannt. Über den olivgrün schimmernden Körper sind überall die typisch roten Punkte verteilt. Sie lebt in klaren kalten Bächen der Gebirge und benötigt viel Sauerstoff. Die Durchschnittsgröße beträgt 20 bis 40 Zentimeter, wobei kapitale Exemplare durchaus auch mal die 70-Zentimeter-Marke knacken. Die Bachforelle kann man auf alle erdenklichen Arten zubereiten.

Fangzeit April bis Oktober

DIE REGENBOGENFORELLE

Sie trägt ihren Namen zu Recht, denn die Flanken dieses Fisches schimmern in allen Farben des Regebogens. Sie gehört heute zu den meistgezüchteten Fischen Deutschlands und ist an den Fischtheken unseres Landes der meistverkaufte Fisch. Was dabei leider häufig vergessen wird ist, dass die Regenbogenforelle kein heimischer Fisch ist. Diese nordamerikanische Forelle wurde erstmals 1872 in deutschen Gewässern besetzt. Heute wird allmählich immer deutlicher, dass die Regenbogenforelle anpassungsfähiger und schnellwüchsiger als unsere Bachforelle ist. Das mag für die Küchenverwerter erstmal gut klingen, doch leider wird die Situation für unsere Bachforellen immer gefährlicher, denn unsere heimische Forellenart steht kurz vor der endgültigen Verdrängung, da beide Arten die selben Gewässer bewohnen. Regenbogenforellen erreichen 30 bis 50 Zentimeter Durchschnittsgröße, Kapitale können erheblich größer werden und die 10-Kilo-Marke erreichen.

Fangzeit April bis Oktober

DIE LACHSFORELLE

Diese Forellenart existiert nicht! Sie ist ein Marketinggag, der sich aber hervorragend verkauft. Um den Namen Lachsforelle zu tragen, muss diese völlig normale Regenbogenforelle ein bestimmtes Mindestgewicht haben und rosafarbenes Fleisch. Die Fleischfarbe wird hierbei mittels Fütterung mit Krebsen und Garnelen, die rote Farbstoffe enthalten, erreicht.

FORELLE

BACHFORELLE
mit Brunnenkresse

EIN REZEPT AUS NIEDERSACHSEN. WER DEN GESCHMACK VON BRUNNENKRESSE LIEBT, KOMMT HIER VOLL AUF SEINE KOSTEN.

Zutaten für 4 Portionen

- 8 dünne Scheiben Speck
- 2 Bund Brunnenkresse
- 2 Knoblauchzehen
- Salz, Pfeffer aus der Mühle
- 4 küchenfertige Bachforellen (à ca. 250 g)
- 3–4 EL Butter

Zeitbedarf
- 20 Minuten + 20 Minuten garen

So geht's

1. Die Speckscheiben in einer Pfanne kross ausbraten [→ a]. Die Brunnenkresse [→ b] gründlich putzen, waschen und sorgfältig trocken schütteln. Knoblauch schälen und sehr fein hacken.

2. Den Speck aus der Pfanne nehmen und auf Küchenpapier abtropfen lassen. Das Speckfett in der Pfanne nochmals erhitzen und die Kresse darin in 3–4 Minuten braten. In der letzten Minute den Knoblauch dazugeben. Mit Salz und Pfeffer würzen. Die Pfanne von der Hitze nehmen und die Kresse abkühlen lassen.

3. Den Backofen auf 200 °C (Umluft 180 °C) vorheizen. Die Forellen kalt abspülen und innen und außen mit Salz und Pfeffer einreiben. Ein Backblech gut mit Butter einfetten [→ c] und die Forellen auf das Blech legen [→ d].

4. Speck und Kresse mit einem großen Messer grob hacken und vermengen. Je ein Viertel der Mischung in die Bauchhöhlen der Fische füllen. Die restliche Butter schmelzen lassen und über den Forellen verteilen. Die Fische im heißen Ofen 20 Minuten backen. Die Forellen sind gar, wenn sich die Rückenflosse problemlos herausziehen lässt.

AUS DEM OFEN

BRUNNEN-KRESSE UNTERSCHEIDET SICH VON GARTENKRESSE

[b]

DAS IST *wirklich* WICHTIG

[a] KROSSER SPECK Soll der Speck besonders kross werden, die Scheiben auf ein kaltes Backblech legen und dieses in den kalten Ofen schieben. Dann den Ofen auf 200 °C schalten und der Speck ist in 12–15 Minuten perfekt.

[b] DIE RICHTIGE KRESSE Brunnenkresse evtl. beim Gemüsehändler vorbestellen. Gartenkresse ist etwas anderes und hat einen deutlich weniger ausgeprägten Geschmack.

[c] BACKBLECH EINFETTEN An dieser Stelle nicht mit Butter sparen, sonst klebt die Forelle am Blech fest.

[d] WENIGER FETT Wer weniger Fett verwenden möchte, kann die Fische auch auf Backpapier legen, doch wird die Haut dann etwas weniger knusprig.

FORELLE MÜLLERIN
mit Mandelbutter

EIN ESSEN FÜR DIE FAMILIE UND FÜR GÄSTE. SO ZUBEREITET BEHÄLT DIE FORELLE IHREN UREIGENEN GESCHMACK. DAS MÖGEN AUCH KINDER.

Zutaten für 4 Portionen

- 4 küchenfertige Forellen (à 250 g)
- Salz, Pfeffer aus der Mühle
- 1 Zitrone
- 1 Bund glatte Petersilie
- 150 g Mehl
- 10 EL Butter
- 1–2 EL Öl
- 100 g Mandelblättchen

Zeitbedarf
- 60 Minuten

So geht's

1. Forellen kalt abspülen und mit Küchenpapier gründlich trocken tupfen. Innen und außen mit Salz und Pfeffer einreiben.

2. Die Zitrone schälen und in Scheiben schneiden. Petersilienblätter von den Stängeln zupfen. Zitrone und Petersilie in die Bauchhöhlen der Fische füllen.

3. Ofen auf 120 °C (Umluft 100 °C) vorheizen. Mehl auf einen Teller geben. Forellen von allen Seiten im Mehl wenden. Überschüssiges Mehl abklopfen.

4. In einer großen Pfanne 6 EL Butter und das Öl mäßig heiß werden lassen [→ a]. Darin 2 Forellen auf jeder Seite 6–7 Minuten braten. Während des Bratens ab und zu mit der Butter aus der Pfanne begießen. So werden die Fische schön goldbraun.

5. Die Forellen aus der Pfanne nehmen und im Ofen warm stellen. Die restlichen Forellen braten und ebenfalls warm stellen.

6. In der Pfanne die restliche Butter erhitzen und darin die Mandelblättchen leicht bräunen [→ b]. Die Forellen auf Teller anrichten und mit Mandelbutter begießen.

Als Beilage passen Salzkartoffeln oder kleine neue Pellkartoffeln. Auch Roggenbrot und Gurkensalat schmecken gut zur Forelle Müllerin.

GEBRATEN

DIE RICHTIGE TEMPERATUR: LEICHT SCHÄUMENDE BUTTER

[a]

[b]

DAS IST *wirklich* WICHTIG

[a] **RICHTIGE TEMPERATUR** Sobald die Butter leicht schäumt, hat die Öl-Butter-Mischung die richtige Brattemperatur erreicht.

[b] **RICHTIGE BRÄUNE** Die Mandelblättchen immer wieder umrühren, damit sie gleichmäßig bräunen.

FORELLENTEICH

ANGELN AM FORELLENTEICH
Fische aus der Zucht

HIER KANN AUCH DER ANGLER, OHNE SCHLECHTES GEWISSEN DER BACHFORELLE GEGENÜBER, ERFOLGREICH DIE REGENBOGENFORELLEN FÜR DIE KÜCHE ERBEUTEN.

Häufig werden Regenbogenforellen aus der Zucht in Teichanlagen eingesetzt. Diese Forellenteiche sind das perfekte Einstiegsgewässer für den Angler. Die Forellen verteilen sich im gesamten Gewässer, einzig Belüftungsanlagen und Teicheinlässe sind besondere Hot Spots, ansonsten kann jeder Angler an jeder Stelle fangen.

Der Forellensee ist so etwas Ähnliches wie der Verkehrsübungsplatz für Angler. Hier kann wirklich jeder seine ersten Schritte wagen und kann trotzdem ziemlich erfolgssicher sein.

In manchen Forellenseen ist zwar auch das Angeln mit Kunstködern erlaubt, in vielen jedoch nicht. Aus diesem Grund gehe ich jetzt nur auf das relativ einfache Angeln ein.

Bestens geeignet ist eine Posenrute von ca. 3 m Länge und ca. 50 Gramm Wurfgewicht. Hier eignet sich die Schweineborste als Pose ausgezeichnet. Die Schnur sollte so um die 0,25 mm Durchmesser haben, das Vorfach 0,05 mm schwächer sein. Haken der Größe 8 und kleiner sind okay. Typische Köder sind Maden, Bienenmaden, Tauwürmer oder der inzwischen obligatorische Forellenteig.

Die Pose wird so eingestellt, dass der Köder ungefähr auf der Hälfte der Gewässertiefe hängt. Von hier beginnend sucht man die richtige Fangtiefe zum Gewässergrund hin. Eine Möglichkeit ist auch das „Auf den Grund legen" des Köders. Dies ist vor allem bei schwimmendem Forellenteig sehr erfolgreich. Der Teig wird somit immer knapp über Grund angeboten.

Sehr erfolgreich sind auch die Angler, die ihren Teig wie ein Spinnerblatt um den Haken formen und nach dem Auswurf langsam einholen. Es handelt sich sozusagen um Kunstköderangeln mit Teig.

SBIROLINO

Das Sbirolino-Angeln hat die Forellenseen erreicht und die Forellen-Angelei an diesen Gewässern geradezu revolutioniert. Wie funktioniert das.

Der Sbirolino ist ein durchsichtiges Teil das Wurfgewicht und Pose gleichzeitig sein kann, aber nicht muss. In erster Linie dient der Sbirolino als Wurfgewicht. Es können nun auch kleinste, leichteste Köder weit ausgeworfen werden. Außerdem kann man in jeder Wassertiefe mit dem Sbirolino angeln. Für bodennahes Fischen benutzt man schnell sinkende Sbirolinos und für oberflächennahes Angeln schwimmende Sbirolinos. Natürlich gibt es auch noch Zwischenstufen.

FORELLE

FORELLE BLAU
leicht und bekömmlich

EIN KLASSIKER DER FISCHKÜCHE. DIE SCHLICHTE ZUBEREITUNG UND DAS SCHÖNE FARBENSPIEL BRINGEN DIESEN EDLEN FISCH VOLL ZUR GELTUNG.

Zutaten für 4 Portionen

- 4 küchenfertige Forellen (à 250 g)
- 1 große Zwiebel
- 1 große Stange Lauch
- 2 Möhren
- 50 g Sellerie
- 1 Petersilienwurzel
- Salz
- 200 ml Weißweinessig

besonderes Werkzeug
- Küchengarn

Zeitbedarf
- 20 Minuten +
  25 Minuten garen

So geht's

1. Forellen unter kaltem Wasser abspülen. Nicht trocken tupfen, die Schleimschicht auf der Haut soll erhalten bleiben [→ a].

2. Zwiebel schälen und grob schneiden. Lauch halbieren, waschen und in halbe Ringe schneiden. Möhren, Sellerie und Petersilienwurzel schälen und in Stücke schneiden.

3. Die Forellen mit Küchengarn binden. Dazu jeweils ein langes Stück Garn durch die Kiemen ziehen und das Ende des Garns um den Schwanz wickeln, sodass der Fisch sich leicht krümmt.

4. In einem großen Topf, der alle 4 Fische fasst, Wasser zum Kochen bringen. Das Suppengemüse und 1 Prise Salz dazugeben, dann 15 Minuten köcheln lassen.

5. Die Hitze herunterstellen, sodass der Sud nur noch simmert. Den Essig hinzufügen.

6. Die Forellen in den Sud geben. Die Fische müssen komplett mit Flüssigkeit bedeckt sein, sonst Wasser nachfüllen. Mit geschlossenem Deckel bei schwacher Hitze ca. 10 Minuten ziehen lassen [→ b]. Wenn sich die Rückenflosse ganz leicht herausziehen lässt, ist der Fisch gar.

Klassische Beilagen zur Forelle blau sind zerlassene Butter, Salzkartoffeln und Kopfsalat. Als Getränk passt ein fein-erdiger Moselriesling oder ein Grüner Veltliner.

POCHIERT

[a]

DAS IST *wirklich* WICHTIG

[a] FORELLE WASCHEN Beim Waschen der Forelle unbedingt darauf achten, dass die Schleimschicht intakt bleibt. Dadurch und mit ausreichend Essig im Kochwasser wird die Haut der Forelle schön blau.

[b] FORELLE GAREN Beim Garen muss die Temperatur des Suds unterhalb des Siedepunktes bleiben. Wenn der Sud kocht, zerfallen die Forellen.

GERÄUCHERTE FORELLE
mit aromatischen Kräutern

GEANGELT, GEWÜRZT, GERÄUCHERT: IN DIESEM REZEPT BEKOMMT DIE ZARTE FORELLE EINE ORDENTLICHE PORTION AROMA AB.

Zutaten für 4 Portionen

- 4 küchenfertige Forellen (à 250 g)
- Salz, Pfeffer aus der Mühle
- 2 Knoblauchzehen
- 4 Salbeiblätter
- 4 Stängel Rosmarin
- 1 Bund Liebstöckel

besonderes Werkzeug
- Räucherofen
- Rouladenspieße

Zeitbedarf
- 15 Minuten +
30 Minuten räuchern

So geht's

1. Die Forellen waschen und gründlich trocken tupfen. Innen und außen mit Salz und Pfeffer einreiben. Knoblauch schälen, fein hacken, mit Salz bestreuen und zerdrücken. Die Fische innen und außen mit dem Knoblauch bestreichen.

2. Salbei, Rosmarin und Liebstöckel zupfen und grob hacken. Die Kräuter mischen und in die Bauchhöhle der Fische verteilen.

3. Die Forellen mit Rouladenspießen verschließen und im Räucherofen ca. 30 Minuten räuchern. Kleine Mengen Fisch lassen sich mit einem Tischgerät räuchern. Für größere Mengen lohnt sich vielleicht der Bau eines eigenen Räucherofens.

Als Beilage passen Salat und Ofenkartoffeln. Dazu mittelgroße, mehligkochende Kartoffeln unter fließendem Wasser bürsten, dann einzeln in Alufolie wickeln. Im vorgeheizten Ofen bei 220 °C (Umluft 180 °C) 40 Minuten backen. Mit gewürztem Joghurt servieren.

GERÄUCHERT UND GEBEIZT

LACHSFORELLE GEBEIZT
mit viel Dill

VERWÖHNEN SIE IHRE GÄSTE MIT DIESEM SCHMANKERL, DAS SICH SEHR GUT VORBEREITEN LÄSST. GEEIGNET ALS KALTE VORSPEISE.

Zutaten für 4 Portionen

- 3 TL Salz
- 2 TL Zucker
- Pfeffer aus der Mühle
- 2 ganze Lachsforellenfilets mit Haut
- 2 Bund Dill
- evtl. Zitrone zum Beträufeln

Zeitbedarf

- 20 Minuten +
  3 – 4 Tage marinieren

So geht's

1. Salz und Zucker mischen. So viel Pfeffer mahlen, dass sich 2 TL ergeben. Pfeffer mit dem Salz und Zucker mischen.

2. Die Lachsforellenfilets mit der Fleischseite nach oben auf die Arbeitsfläche legen. Beide Filets mit der Gewürzmischung großzügig einreiben.

3. Den Dill fein schneiden und auf dem einen Filet verteilen. Das zweite Filet mit der Hautseite nach außen darüberlegen. Das so entstandene Paket fest in Alufolie einwickeln, in ein längliches Gefäß legen und mit einem Brett und Gewichten beschweren.

4. Das Gefäß für 3 – 4 Tage in den Kühlschrank stellen. Das Fischpaket jeden Tag wenden.

5. Den Fisch aus der Folie wickeln und auseinanderklappen. Den Dill entfernen. Zum Servieren das Lachsforellenfleisch mit einem scharfen Messer in feinen Scheiben von der Haut schneiden und nach Geschmack mit Zitronensaft beträufeln.

Dazu reichen Sie Toastbrot mit Limonenbutter oder ein kräftiges Bauernbrot mit gesalzener Butter und als Getränk Champagner oder Winzersekt.

SO SCHMECKT'S AUCH Zum Beizen eignen sich auch Bachforellen. In diesem Fall aber weißen Pfeffer verwenden.

FORELLE

DAS IST *wirklich* WICHTIG

[a] ACHTUNG CHILI Bei der Arbeit mit Chilischoten Einmalhandschuhe tragen. Ein großer Teil der Schärfe sitzt im Öl der Kerne. Für einen milderen Geschmack die Schoten mit einem scharfen Messer aufschneiden, die Kerne herauskratzen und nur die Schoten weiterverarbeiten.

[b] ACHTUNG KNOBLAUCH Darauf achten, dass der Knoblauch beim Anschwitzen nicht braun wird, er schmeckt sonst bitter.

[c] ACHTUNG ZITRONE Die Sauce nach dem Abschmecken mit Zitrone nicht mehr kochen lassen, da sie sonst ausflockt.

GEBRATEN

BUNTE NUDELPFANNE
mit Lachsforelle und Salbei

WER KANN SCHON PASTA WIDERSTEHEN? DIESEM GERICHT VERLEIHT DER SALBEI EINE HEITERE SÜDLICHE NOTE.

Zutaten für 4 Portionen

500 g Lachsforellenfilet ohne Haut
1 Zitrone
100 g Mehl
Salz
2 Knoblauchzehen
2 kleine Chilischoten
2 Zweige Salbei
500 g Bandnudeln
50 ml Olivenöl
40 g Butter
100 g Sahne
Pfeffer aus der Mühle
100 g Parmesan

Zeitbedarf
- 40 Minuten

So geht's

1. Lachsforellenfilet in ca. 2 cm breite Streifen schneiden. Zitrone auspressen. Mehl auf einen Teller geben. Die Fischstreifen mit dem Zitronensaft säuern (etwas Saft für die Sauce übrig lassen), salzen und im Mehl wenden. Überschüssiges Mehl abschütteln. Fisch auf einem Teller beiseitestellen.

2. Nudelwasser aufsetzen. Knoblauch schälen, klein schneiden und mit Salz zerdrücken. Chilischoten aufschneiden, entkernen und in halbe Ringe schneiden [→ a]. Salbei zupfen und in feine Streifen schneiden. Die Nudeln in reichlich Salzwasser bissfest garen und abgießen.

3. Olivenöl in einer hohen Pfanne erhitzen. Die Fischstücke darin anbraten, dann auf einem Teller mit Alufolie bedeckt warm halten.

4. In derselben Pfanne die Butter heiß werden lassen. Knoblauch, Chili und Salbei in der Butter anschwitzen [→ b]. Die Sahne hinzugießen, kurz aufkochen und leicht reduzieren lassen. Mit Salz, Pfeffer und Zitronensaft abschmecken [→ c].

5. Die Sauce in eine tiefe Schüssel anrichten. Nudeln unterheben, den Fisch dazugeben und den Parmesankäse darüberreiben. Wenn die Pfanne groß genug ist, können Nudeln und Fisch auch direkt in die Sauce gegeben und die Pfanne auf den Tisch gestellt werden.

Als Beilage eignet sich Salat in allen Variationen. Dazu frisches Baguette und ein gut gekühlter Pfälzer Rosé.

Die Variante

Forellen-Pfanne
800 g festkochende Kartoffeln in der Schale kochen, schälen und in große Stücke schneiden. Die Fischstreifen braten und warm stellen. In derselben Pfanne 1 EL Rosmarinnadeln in etwas Öl anbraten. Die Kartoffeln dazugeben und einige Minuten unter häufigem Wenden mitbraten. 100 ml Weißwein angießen, 1 EL Crème fraîche einrühren. Kurz aufkochen, dann den Fisch dazugeben. Mit Tomatensalat servieren.

FORELLE

SCHNELLE LACHSFORELLE
mit Koriander-Limetten-Sauce

DREI GRÜNDE SPRECHEN FÜR DIESES REZEPT: ES IST EINFACH IN DER ZUBEREITUNG, STEHT IM NU AUF DEM TISCH UND SCHMECKT KÖSTLICH.

Zutaten für 4 Portionen

- 1 küchenfertige Lachsforelle (ca. 1 kg)
- 2 EL Koriandersamen
- 4 Bio-Limetten
- Salz, Pfeffer aus der Mühle
- 50 g Butter

besonderes Werkzeug
- Mörser

Zeitbedarf
- 15 Minuten + 20 Minuten garen

So geht's

1. Backofen auf 200 °C (Umluft 180 °C) vorheizen. Lachsforelle waschen und mit Küchenpapier trocken tupfen. Koriandersamen in einem Mörser zerstoßen. Limetten schälen und in Scheiben schneiden.

2. Die Lachsforelle innen mit Salz und Pfeffer einreiben. Die Hälfte des Korianders und die Hälfte der Limettenscheiben in die Bauchhöhle füllen.

3. Eine feuerfeste Form mit Butter gut einfetten. Die Forelle hineinlegen. Restliche Butter in Flocken auf dem Fisch verteilen. Mit den restlichen Limettenscheiben belegen und mit dem restlichen Koriander bestreuen.

4. Die Lachsforelle im heißen Ofen 20 Minuten garen, bis sie eine schöne goldgelbe Farbe hat.

Dazu passt am besten Reis.

LACHSFORELLE
mit Kräuteröl und Kirschtomaten

DIE SÜSS-SÄUERLICHEN TOMATEN UND DIE DELIKATE LACHSFORELLE GEHEN HIER EINE PERFEKTE VERBINDUNG EIN.

Zutaten für 4 Portionen

- 2 küchenfertige Lachsforellen (à ca. 400 g)
- 1 Zitrone
- 100 g Mehl
- Salz, Pfeffer aus der Mühle
- 100 ml Olivenöl
- 1 Zweig Salbei
- 1 Zweig Zitronenthymian
- 1 Stängel Zitronenmelisse
- 1 Stängel Estragon
- 20 Kirschtomaten

Zeitbedarf
- 60 Minuten

So geht's

1. Lachsforellen waschen und mit Küchenpapier trocken tupfen. Zitrone auspressen. Mehl auf einen Teller geben. Die Fische außen und innen mit Salz und Pfeffer einreiben. Mit Zitronensaft beträufeln, in Mehl wenden. Überschüssiges Mehl abklopfen.

2. Den Ofen auf 150 °C (Umluft 120 °C) vorheizen. Die Hälfte des Öls in einer Pfanne heiß werden lassen. Forellen bei mittlerer Hitze auf jeder Seite ca. 6 Minuten braten, bis sie goldgelb sind. Herausnehmen und im Ofen warm stellen.

3. Die Kräuter zupfen und fein schneiden. Kirschtomaten waschen und abtrocknen. Restliches Öl in der Pfanne erhitzen. Die Kräuter hineingeben und bei mittlerer Hitze 2 Minuten anziehen lassen. Die Tomaten dazugeben. Deckel auflegen und die Tomaten bei niedriger Hitze 5 Minuten garen lassen. Mit Salz und Pfeffer abschmecken.

4. Die Lachsforellen filetieren. Die Filets auf einer Platte anrichten und die Tomaten mit dem Kräuteröl darübergeben.

Als Beilage passen Kartoffeln in allen Variationen, aber auch Nudeln. Soll es schnell gehen, reicht auch ein gutes Brot.

FORELLE

FISCHTERRINE
von Lachsforelle und Dorsch

ZARTER FISCH, KNACKIGES GEMÜSE, IM WASSERBAD SANFT GEGART:
DAS ERGEBNIS KANN SICH SCHMECKEN LASSEN.

Zutaten für 4 Portionen

- 2 mittelgroße Schalotten
- 100 g Zucchini
- 2 EL Butter
- ½ Zitrone
- 500 g Dorschfilet
- Salz, Pfeffer aus der Mühle
- Cayennepfeffer nach Geschmack
- 1 Eigelb
- 125 g Sahne
- 4 Blätter Wirsingkohl
- Öl zum Einpinseln
- 150 g Lachsforellenfilet (ohne Haut und Gräten)

besonderes Werkzeug
- Stabmixer
- Terrinenform
- Alufolie

Zeitbedarf
- 50 Minuten +
  70 Minuten garen +
  4 Stunden kühlen

So geht's

1. Backofen auf 100 °C (Umluft 80 °C) vorheizen. Schalotten schälen und fein hacken. Zucchini waschen, putzen und auf einer Reibe grob raspeln. In einer Pfanne etwas Butter heiß werden lassen und die Schalotten darin anschwitzen. Die Zucchini dazugeben und 5 Minuten mitdünsten. Aus der Pfanne nehmen und abkühlen lassen.

2. Zitrone auspressen. Dorschfilet in Stücke schneiden, mit Zitronensaft beträufeln. Fisch, Zucchini und Zwiebeln mit einem Stabmixer pürieren. Mit Salz, Pfeffer und evtl. Cayennepfeffer abschmecken.

3. In einem Topf Wasser zum Kochen bringen, salzen. Eigelb verquirlen, Sahne steif schlagen. Ei und Sahne nacheinander unter die Fischmasse heben [→ a].

4. Die Wirsingblätter im kochenden Salzwasser 3 Minuten blanchieren, kalt abschrecken und trocken tupfen. Die Mittelrippe entfernen.

5. Eine Terrinenform mit Alufolie auslegen und mit Öl einpinseln. Die Hälfte der Dorschmasse einfüllen. Die Wirsingblätter leicht überlappend auf der Masse auslegen. Das Lachsforellenfilet salzen, pfeffern und auf den Wirsing legen. Überstehenden Teil der Kohlblätter über dem Fisch einschlagen, sodass er vollständig bedeckt ist. Darauf die restliche Dorschmasse verstreichen.

6. Terrinenform mit Alufolie gut verschließen und in die Fettpfanne des Backofens stellen. So viel heißes Wasser hineingießen, dass die Form 1 cm tief im Wasser steht. Die Terrine ca. 70 Minuten garen. Nach der Hälfte der Garzeit die Alufolie entfernen. Die fertige Terrine aus dem Ofen nehmen und ca. 4 Stunden kühl stellen.

SO SCHMECKT'S AUCH Sollte von der Dorschmasse etwas übrig bleiben, diese rasch verbrauchen, z. B. auf getoastetem Weißbrot zu einem Glas Wein. Die Terrine kann auch mit anderen Fischen zubereitet werden, etwa Zander statt Dorsch oder einer Kombination von Lachsforelle und Bachforelle.

DAS IST *wirklich* WICHTIG

[a] RICHTIGE TEMPERATUR Die Dorschmasse immer gut gekühlt verarbeiten, sonst könnte sie gerinnen und sauer werden. Wenn die Gefahr besteht, dass sie zu weich wird, für einige Minuten ins Eisfach stellen.

FORELLE

REGENBOGENFORELLE
mit würzigen Tomaten

GANZE FISCHE, GEFÜLLT UND GUT VERPACKT UND DANN AB IN DEN OFEN:
IDEAL ZUM VORBEREITEN, WENN BESUCH ERWARTET WIRD.

Zutaten für 4 Portionen

4 küchenfertige Regenbogenforellen (à ca. 400 g)

Salz, Pfeffer aus der Mühle

3 Knoblauchzehen

4 Zweige Rosmarin

8 große, reife Tomaten

120 g Butter

besonderes Werkzeug
- Alufolie

Zeitbedarf
- 15 Minuten +
  30 Minuten garen

So geht's

1. Backofen auf 180 °C (Umluft 160 °C) vorheizen. Ein Backblech mit Alufolie in der doppelten Blechgröße auslegen. Überschuss auf alle vier Seiten gleichmäßig verteilen.

2. Die Forellen kalt abspülen und trocken tupfen, dann innen und außen mit Salz und Pfeffer einreiben. Knoblauch schälen und hacken [→ a]. Rosmarinnadeln von den Zweigen zupfen und hacken. Tomaten waschen, trocknen und in Scheiben schneiden [→ b].

3. Die Hälfte der Tomatenscheiben mit dem gehackten Knoblauch und Rosmarin bestreuen und in die Bauchhöhlen der Fische verteilen. Die Butter in Scheiben schneiden und ca. 1/3 der Scheiben auf der Folie verteilen. Die Fische auf die Butter legen. Restliche Tomaten- und Butterscheiben auf den Fischen verteilen.

4. Folie von allen Seiten über den Fischen einschlagen und dicht verschließen. Mit einer Gabel oder Messerspitze mehrmals einstechen.

5. Die Forellen auf der mittleren Schiene des vorgeheizten Ofens 30 Minuten garen, dann herausnehmen und die Folie vorsichtig öffnen. Rücken- und Bauchflosse der Fische entfernen [→ c].

Als Beilage passt Kartoffelpüree, für Tomaten-Fans auch ein Tomaten-Brot-Salat. Dazu nicht mehr ganz frisches Graubrot oder Baguette rösten und mit einer Vinaigrette aus Balsamico, Olivenöl, klein geschnittenen Zwiebeln, Salz und Pfeffer beträufeln. Tomaten halbieren, vom Strunk befreien, leicht ausdrücken, grob hacken und mit dem Brot mischen.

AUS DEM OFEN

DAS IST *wirklich* WICHTIG

[a] KNOBLAUCH SCHNEIDEN ODER PRESSEN? Viele schwören auf gehackten und zerdrückten Knoblauch, weil sich so sein ganzes Aroma entfaltet. In der Knoblauchpresse entsteht dagegen etwas Aromaverlust, dafür verteilt sich der Knoblauch leichter. Wer die scharfe Knolle nicht so gut verträgt, hat meistens keine Probleme, wenn ganze Knoblauchzehen mitgegart und vor dem Verzehr entfernt werden.

[b] TOMATENSTRUNK ENTFERNEN Nach dem Schneiden der Tomaten den kleinen grünen Strunk aus der entsprechenden Scheibe mit einem spitzen Messer herausschneiden. Im Strunk sitzt das harmlose, aber schwach giftige Solanin, das bei empfindlichen Essern Magenbeschwerden hervorrufen kann.

[c] FISCHFLOSSEN HERAUSZIEHEN Um die Flossen aus dem Fisch zu ziehen, verwendet man am besten eine Pinzette, ersatzweise eine Bastelzange.

FORELLE

REGENBOGENFORELLE
in Salbeibutter

WENIGE ZUTATEN, KLEINER AUFWAND, GROSSE WIRKUNG: DIESE EINFACHE ZUBEREITUNG HOLT AUS DER FORELLE DAS BESTE HERAUS.

Zutaten für 4 Portionen

- 8 Regenbogenforellen-Filets ohne Haut (à ca. 150 g)
- Salz, Pfeffer aus der Mühle
- 100 g Butter
- 10 frische Salbeiblätter
- 100 ml Fischfond (Rezept siehe Seite 36), ersatzweise aus dem Glas

Zeitbedarf
- 20 Minuten

So geht's

1. Die Forellenfilets kalt abspülen und trocken tupfen. Auf beiden Seiten mit Salz und Pfeffer einreiben.

2. Die Butter in einer Pfanne erhitzen und die Fischfilets darin von jeder Seite ca. 1 Minute braten. Die Filets aus der Pfanne nehmen und mit Alufolie bedeckt warm halten.

3. Die Salbeiblätter in der verbliebenen Butter kurz schwenken. Den Fischfond angießen und kurz aufkochen.

4. Die Forellenfilets auf Teller anrichten und die Salbeibutter darüber verteilen.

Als Beilage passen Salzkartoffeln und ein grüner Salat.

GEBRATEN

FORELLE

[a]

DAS IST *wirklich* WICHTIG

[a] GLEICHE SCHNITTGRÖSSE Beim Gemüse auf gleiche Schnittstärke achten, damit alles gleichzeitig gar wird.

[b] FOLIE EINSTECHEN Das Einstechen der Alufolie bewirkt, dass Dampf austreten kann und die Forelle gleichmäßig gart.

AUS DEM OFEN

REGENBOGENFORELLE
mit Lauch und Möhren

DIESE FORELLEN MUNDEN ALS SCHNELL ZUBEREITETES MITTAGESSEN MIT DER FAMILIE, ABER AUCH AM ABEND MIT GÄSTEN.

Zutaten für 4 Portionen

- 4 küchenfertige Regenbogenforellen (à ca. 400 g)
- Salz, Pfeffer aus der Mühle
- 100 g Butter
- 1 Bund Blattpetersilie
- 1 Bio-Zitrone
- Olivenöl
- 2 Stangen Lauch
- 8 große Möhren
- evtl. Butter zum Verfeinern

besonderes Werkzeug
- Alufolie

Zeitbedarf
- 35 Minuten + 30 Minuten garen

So geht's

1. Die Forellen kalt abspülen und trocken tupfen, dann innen und außen mit Salz und Pfeffer einreiben. Die Butter in kleinen Stücken in die Bauchhöhlen der Fische verteilen.

2. Petersilie waschen und hacken, Zitrone in dünne Scheiben schneiden. Die Forellen mit Petersilie bestreuen und mit den Zitronenscheiben belegen.

3. Backofen auf 180 °C (Umluft 160 °C) vorheizen. Ein Backblech mit Alufolie in der doppelten Blechgröße auslegen und mit etwas Olivenöl einpinseln. Die Forellen darauflegen.

4. Lauch halbieren, waschen und abtrocknen, dann in kleine Stücke schneiden. Möhren schälen und in dünne Stifte schneiden [→ a]. Lauch und Möhren zum Fisch auf das Backblech legen und mit etwas Olivenöl beträufeln.

5. Folie von allen Seiten über dem Fisch und Gemüse einschlagen und dicht verschließen. Mit einer Gabel oder Messerspitze mehrmals einstechen [→ b].

6. Backblech auf die mittlere Schiene des vorgeheizten Ofens schieben und Fisch und Gemüse 30 Minuten garen. Vor dem Servieren das Gemüse nach Geschmack noch mit einem Stück Butter verfeinern.

Dazu passen Kartoffeln oder Bandnudeln.

Die Variante

Regenbogenforelle mit Möhrenpüree
Statt Lauch und Möhren mit aufs Blech zu geben, 500 g Möhren putzen und klein schneiden. ½ Zitrone auspressen. 1 kleine Zwiebel schälen, klein schneiden und in Olivenöl anschwitzen. Möhren dazugeben, einige Minuten mitdünsten. Mit Puderzucker bestäuben und bei mittlerer Hitze karamellisieren lassen. Mit Zitronensaft, wenig Wasser und einem Schuss Weißwein ablöschen und weich dünsten, dann mit dem Stabmixer pürieren und mit Salz und Pfeffer abschmecken.

DAS IST *wirklich* WICHTIG

[a] VIELE KRÄUTER VERWENDEN Sparen Sie nicht an den Kräutern. Je mehr Sie nehmen, desto intensiver ist der Geschmack der Forelle.

[b] FOLIE GESCHLOSSEN HALTEN Damit das Aroma möglichst intensiv erhalten bleibt, die Folie erst am Tisch öffnen.

AUS DEM OFEN

REGENBOGENFORELLE
mit Gemüse-Kräuter-Füllung

OB SELBST GEPFLÜCKT ODER VOM MARKT: MIT DUFTENDEN WIESENKRÄUTERN SCHMECKT DIE FORELLE NOCH MAL SO GUT.

Zutaten für 4 Portionen

- 4 küchenfertige Regenbogenforellen (à ca. 400 g)
- ½ Zitrone
- Salz, Pfeffer aus der Mühle
- 2 kleine Tomaten
- 100 g Champignons
- 2 Möhren
- 50 g Staudensellerie
- Olivenöl
- 4 cl trockener Weißwein
- 2 Handvoll frisch gepflückte Frühlings-Wiesenkräuter (Brunnenkresse, Kapuzinerkresse, Sauerampfer, Gänseblümchen, Löwenzahn, Vogelmiere)

besonderes Werkzeug
- Alufolie

Zeitbedarf
- 30 Minuten +
  15 Minuten garen

So geht's

1. Die Forellen kalt abspülen und trocken tupfen. Die Zitrone auspressen. Forellen innen und außen mit Salz, Pfeffer und Zitronensaft würzen.

2. Tomaten mit kochendem Wasser kurz überbrühen, häuten und entkernen. Champignons putzen, Möhren und Staudensellerie waschen und schälen. Tomaten, Pilze und Gemüse in kleine Würfel schneiden und in Olivenöl andünsten. Mit Weißwein ablöschen und einkochen lassen. Mit Salz und Pfeffer würzen.

3. Die Kräuter waschen, hacken und in einer Schüssel mit dem warmen Gemüse mischen [→ a].

4. Die Forellen mit der Gemüse-Kräuter-Mischung füllen. Falls noch Füllung übrig bleibt, diese auf den Fischen verteilen.

5. Den Backofen auf 180 °C (Umluft 160 °C) vorheizen. Ein Backblech mit Alufolie in der doppelten Blechgröße auslegen, mit Olivenöl bestreichen und die gefüllten Forellen darauflegen. Die Folie von allen Seiten über den Fischen einschlagen und dicht verschließen. Mit einer Gabel oder Messerspitze mehrmals einstechen.

6. Das Blech in den heißen Ofen schieben und die Forellen ca. 15 Minuten garen [→ b].

TÖPFE UND MEHR

TÖPFE UND MEHR
Hardware für den Fischkoch

WAS FÜR DEN ANGLER RUTE UND ROLLE, DAS IST FÜR DEN KOCH TOPF UND MESSER. DA HIER DER ANGLER AUCH DER KOCH SEIN DARF, EIN PAAR HINWEISE ZUR HARDWARE IN DER KÜCHE.

TÖPFE
Für die Fischküche benötigt man keinerlei Sonderausstattungen. Auch wenn man heute viele hundert Euro für ein Topfset ausgeben kann, reicht die normale Ausstattung aus dem Discounter oder sogar aus dem skandinavischen Möbelhaus aus. Zwei Merkmale sollten jedoch erfüllt sein: 1. Jeder Topf benötigt einen passenden Deckel! 2. Der Topfboden muss eben sein. Wackelnde Töpfe sollten für jede Art der Zubereitung entsorgt werden, da diese Töpfe keine gleichmäßige Wärmeleitung ermöglichen und somit erhöhte Verbrennungsgefahr besteht.

PFANNEN
Zwei Pfannen reichen für die Fischküche aus. Diese sollten mindestens 28 Zentimeter Durchmesser haben. Eine sollte beschichtet sein, für das schonende Braten bei geringer Hitze.

Die zweite Pfanne ist die in der richtig scharf gebraten wird, hier eignet sich Edelstahl besser. Was für Töpfe gilt, gilt auch für Pfannen, sprich der Boden sollte eben sein.

MESSER
Drei Messer gehören in jedem Fall in die Küche. Die Rede ist hier vom Gemüsemesser, dem Kochmesser und dem Filetiermesser. Wie der Name schon sagt ist das Gemüsemesser zum Schnippeln von Gemüse gedacht, aber auch Garnituren und Verzierungen lassen sich damit gut bewerkstelligen.

Als Kochmesser bezeichnet man die großen, massiven und schweren Messer mit einer scharfen breiten Klinge um die 20 Zentimeter Länge. Es ist ein Allroundmesser zum Portionieren von Fleisch und Fisch genauso wie zum Zwiebeln hacken.

Das Filetiermesser verfügt über eine lange, schmale, und ganz wichtig, elastische Klinge, nur so kann das Filetiermesser seine Hauptaufgabe auch überzeugend meistern.

WEITERES ZUBEHÖR
Auch alles Weitere sollte sich bereits in ihrer Küche finden. Dazu gehört natürlich ein Schneidbrett, ob dieses aus Holz oder Kunststoff besteht ist zweitrangig, aber gerade sollte es sein, damit man die Lebensmittel eben auf eine Fläche legen kann.

Der Kartoffelschäler gehört zum Inventar auch wenn es keine Kartoffeln gibt, denn Gurken, Karotten und ähnliches Gemüse lassen sich damit ebenso schälen.

Ein Pfannenwender, Schneebesen und ein Topfschaber, möglichst aus Silikon vervollständigen das Bild bereits. So ausgerüstet kann beim Abenteuer Fischküche nichts schief gehen.

HECHT

DER HECHT
Ein schmackhafter Räuber

UNTER DEN FISCHEN IST ER EINER DER GROSSEN: WAS DIESEM RÄUBER ZWISCHEN DIE GEFÄHRLICHEN ZÄHNE GELANGT, HAT KAUM EINE CHANCE ZU ENTKOMMEN.

Der Hecht ist ein aggressiver Raubfisch, der seiner Beute auflauert. Er gilt als Einzelgänger, ist jedoch auch in kleinen Gruppen anzutreffen. Weil seine Zähne in Richtung Schlund geneigt sind, werden sie zur tödlichen Falle. Die Beschaffenheit seines Mauls kann aber auch für den Hecht selbst unangenehme Folgen haben. Die Zähne wirken wie Widerhaken, was es ihm zuweilen unmöglich macht, seine Beute wieder loszuwerden. Das wiederum kann, wenn er ein sehr großes Beutetier erlegt hat, für ihn tödlich enden – er erstickt an seinem Fang.

Züchten lässt sich der Hecht, der in ganz Europa vorkommt, nur schwer. Er bevorzugt klare, nicht zu warme Gewässer mit einem ausreichenden Bestand an Wasserpflanzen, die ihm für seine Überraschungsangriffe Deckung geben.

Ein ausgewachsener Hecht aus freier Wildbahn kann mehr als 1 m lang und 25 kg schwer sein. Als Speisefisch eignet er sich jedoch nur bei einem Gewicht von ca. 2 kg, dann ist sein mageres Fleisch ausgesprochen zart. Weil es jedoch von einer Vielzahl feinster und spitzer Gräten durchzogen ist, streichen Köche das Hechtfleisch am liebsten durch ein Sieb und verarbeiten es zu Hechtklößchen.

Der Hecht eignet sich aber auch für die meisten anderen Zubereitungsarten. Beim Verzehr ist dann allerdings ein wenig Vorsicht geboten! Sollte Ihnen dennoch eine Gräte im Hals stecken bleiben, hilft in den meisten Fällen das Schlucken eines Stücks gekochter Kartoffel, um die Gräte weiterzubefördern.

Fangzeit Mai bis November

HECHTKLÖSSE GRATINIERT
mit samtiger Sauce

EINE VIELSEITIGE KÖSTLICHKEIT, BESTENS GEEIGNET ALS HAUPTGERICHT, ABER AUCH FÜR JEDES BUFFET, OB KALT ODER WARM.

Zutaten für 4 Portionen

- 4 Hechtfilets (à ca. 150 g)
- 400 ml Sahne
- Salz, Pfeffer aus der Mühle
- Butter zum Einfetten
- 1 Schalotte
- 50 g Butter
- 100 ml trockener Weißwein
- 2 EL Noilly Prat (Wermut)
- 400 ml Fischfond (Rezept siehe Seite 36), ersatzweise aus dem Glas
- Zitronensaft und Cayennepfeffer zum Abschmecken

besonderes Werkzeug
- Mixer

Zeitbedarf
- 45 Minuten + 90 Minuten kühlen

So geht's

1. Die Hechtfilets kalt abspülen und trocken tupfen. Die Filets in kleine Stücke schneiden und diese in einen Mixer geben. 200 ml Sahne dazugießen und alles fein pürieren. Mit Salz und Pfeffer würzen. Das Fischpüree durch ein feines Sieb in eine Schüssel streichen. Die restlichen 200 ml Sahne dazugeben und mit einem Kochlöffel alles gut verrühren. Die Schüssel für 90 Minuten ins Tiefkühlfach stellen [→ a].

2. In einem großen Topf Salzwasser zum Kochen bringen. Eine ofenfeste Form mit Butter einfetten. Mithilfe zweier Esslöffel aus der Hechtmasse Nocken formen und im Salzwasser bei mittlerer Hitze ca. 5 Minuten gar ziehen, aber nicht kochen lassen. Die fertigen Hechtklöße mit einer Schaumkelle herausheben und in die ofenfeste Form geben.

3. Die Schalotte schälen und in kleine Würfel schneiden. In einem Topf die Hälfte der Butter schmelzen lassen, die restliche Butter kalt stellen. Die Schalottenwürfel in der Butter glasig anbraten. Weißwein und Noilly Prat hinzufügen und langsam einkochen lassen, dann mit Fischfond aufgießen. Die kalte Butter zum Eindicken in die Sauce einrühren [→ b]. Mit Salz, Pfeffer, Zitronensaft und Cayennepfeffer abschmecken.

4. Den Backofengrill (Oberhitze) vorheizen. Die Hechtklöße in der Auflaufform mit der Sauce übergießen und unter dem heißen Grill kurz überbacken.

Als Beilage passen Blattspinat und Salzkartoffeln oder Bandnudeln.

KLÖSSE

DAS IST *wirklich* WICHTIG

[a] KALT VERARBEITEN Die Hechtmasse vor der Verarbeitung unbedingt ins Tiefkühlfach stellen, sonst bleibt sie am Löffel hängen und die Klöße lassen sich nur schlecht formen.

[b] KALTE BUTTER Die Butter zum Eindicken immer kalt einrühren, damit die Sauce gut bindet.

PETERSBURGER HECHT
mit pikanter Sauce

EIN EDLES FISCHGERICHT AUS DEM ALTEN RUSSLAND, DAS DEN HECHT MIT DER LEICHTEN SCHÄRFE DER MEERRETTICH-SAHNE-SAUCE ADELT.

Zutaten für 4 Portionen

- 4 Hechtfilets (à ca. 150 g)
- 50 g Butter
- 3 mittelgroße Zwiebeln
- 250 ml saure Sahne
- 100 ml trockener Weißwein
- 2–4 EL Meerrettich aus dem Glas
- Salz, Pfeffer aus der Mühle

Zeitbedarf
- 30 Minuten + 35 Minuten garen

So geht's

1. In einem Topf Salzwasser zum Kochen bringen. Die Hechtfilets hineingeben und 2 Minuten pochieren, dann vorsichtig herausheben und auf einem sauberen Küchentuch abtropfen lassen.

2. Eine ofenfeste Form mit Butter gut einfetten und die Fischfilets hineinlegen. Den Backofen auf 180 °C (Umluft 160 °C) vorheizen.

3. Zwiebeln schälen und in dünne Ringe schneiden. In einem Topf die restliche Butter erhitzen. Die Zwiebelringe dazugeben und leicht glasig anrösten. Saure Sahne und Wein angießen. Meerrettich nach Geschmack hinzufügen. Die Sauce ca. 5 Minuten einkochen lassen. Mit Salz und Pfeffer abschmecken.

4. Die Sauce über den Fisch in der Form gießen und diese für 30 Minuten in den vorgeheizten Ofen schieben. Die fertigen Hechtfilets auf Teller anrichten und mit der Sauce begießen.

Als Beilage passen Kartoffeln oder Bandnudeln, aber auch Reis.

AUS DEM OFEN

HECHTFILETS
mit Speck und Käse

SPECK UND KÄSE PASSEN NICHT ZU JEDEM FISCH, ABER DAS SAFTIGE HECHT-FLEISCH VERTRÄGT DEN INTENSIVEN EIGENGESCHMACK DER BEIDEN ZUTATEN.

Zutaten für 4 Portionen

- 4 Hechtfilets ohne Haut (à ca. 150 g)
- Salz, Pfeffer aus der Mühle
- 100 g durchwachsener Speck oder italienische Coppa, dünn geschnitten
- 1 mittelgroße Zwiebel
- 50 g Butter
- ¼ l Wasser
- ⅛ l trockener Weißwein
- 6 Pfefferkörner
- 1 Lorbeerblatt
- ½ Bund Petersilie
- ½ Zitrone
- ¼ l Sahne
- Paprikapulver (edelsüß)
- 150 g geriebener Käse, vorzugsweise Emmentaler

Zeitbedarf

- 30 Minuten +
  60 Minuten garen

So geht's

1. Die Hechtfilets unter fließendem kaltem Wasser waschen und trocken tupfen. Leicht salzen und pfeffern, dann mit den Speck- oder Coppa-Scheiben belegen.

2. Die Zwiebel schälen und in kleine Würfel schneiden. Eine ofenfeste Form mit Butter auspinseln. Die Zwiebelwürfel einstreuen und die Fischfilets darauflegen.

3. Wasser und Wein in einen Topf geben. Pfefferkörner, Lorbeerblatt und Petersilie hinzufügen und ca. 20 Minuten bei mittlerer Hitze köcheln lassen.

4. Den Backofen auf 160 °C (Umluft 140 °C) vorheizen. Den Sud durch ein Sieb in ein Gefäß gießen, dann über die Hechtfilets in der Form geben. Den Fisch im vorgeheizten Ofen 35 Minuten garen.

5. Die Zitrone auspressen. Die Form aus dem Ofen nehmen und die Garflüssigkeit vorsichtig in einen Topf abgießen. Die Hälfte der Sahne dazugeben und die Sauce etwas einkochen lassen. Mit wenig Butter, Zitronensaft, Salz und Paprikapulver abschmecken. Die restliche Sahne steif schlagen und unter die nicht mehr kochende Sauce rühren.

6. Den Backofen auf Oberhitze schalten. Die Fischfilets mit der Sauce übergießen und mit dem geriebenen Käse bestreuen. Im heißen Ofen kurz überbacken, bis der Käse zerlaufen und hellbraun ist.

Als Beilage passen Salz- oder Petersilienkartoffeln, lauwarmer Kartoffelsalat oder saftiger Langkornreis. Dazu schmeckt ein frisches Bier.

HECHT

GANZER HECHT
in Riesling-Sahne-Sauce

SO MÖGEN IHN DIE ELSÄSSER BESONDERS GERNE: DER HECHT BADET IN TROCKENEM RIESLING UND BEKOMMT EINEN WUNDERBAREN WEINGESCHMACK.

Zutaten für 4 Portionen

- 1 ganzer, küchenfertiger Hecht (1 ½ – 2 kg)
- Salz
- 5 Schalotten
- Pfeffer aus der Mühle
- 100 g gesalzene Butter
- wenig Knoblauch nach Belieben
- Butter für die Form
- 300 ml Sahne
- 250 ml trockener Riesling
- 1 Bund glatte Petersilie

besonderes Werkzeug
- große ofenfeste Form

Zeitbedarf
- 45 Minuten + 45 Minuten garen

So geht's

1. Den Hecht unter fließendem kaltem Wasser gut abspülen und mit einem Küchentuch vorsichtig trocken tupfen. Den Fisch innen und außen salzen.

2. Die Schalotten schälen, in sehr kleine Würfel schneiden und mit einer Gabel möglichst fein zerdrücken [→ a]. Die Masse salzen und pfeffern und mit der gesalzenen Butter verkneten. Je nach Geschmack kann auch ein wenig gepresster Knoblauch hinzugefügt werden.

3. Die Oberseite des Hechts mit der Schalottenbutter dick bestreichen, am besten mit der flachen Seite eines Brotmessers. Eine große ofenfeste Form mit Butter einpinseln und den Fisch hineinlegen. Den Backofen auf 180 °C (Umluft 160 °C) vorheizen.

4. Sahne und Riesling in einer Schüssel gut verrühren, dann über den Fisch gießen. Die Form in den vorgeheizten Backofen schieben und den Hecht 45 Minuten garen. Während dieser Zeit etwa alle 5 Minuten mit dem austretenden Bratensaft übergießen.

5. Die Petersilie zupfen und fein hacken. Den Hecht aus dem Ofen nehmen, in Portionen zerteilen und auf Teller anrichten. Mit Sauce begießen und mit gehackter Petersilie bestreuen.

Als Beilage eignen sich Kartoffeln ebenso wie breite Bandnudeln, die vor dem Servieren in Butter geschwenkt werden. Als Getränk passt am besten der Riesling, der zum Kochen verwendet wurde.

AUS DEM OFEN

DAS IST WICHTIG

....

[a] SCHALOTTEN ZERDRÜCKEN
Die Schalotten sollten zu einer möglichst feinen Masse zerdrückt werden, damit sie sich besser mit der Butter verbinden.

KARPFEN, BRASSE, WELS

KARPFEN, BRASSE, WELS
Drei, die gut in der Pfanne liegen

KARPFEN

Bei deutschen Züchtern hat der Karpfen eine lange Tradition – und bei deutschen Hausfrauen auch. Er wird von Fischzüchtern vor allem in der Zeit von Oktober bis April angeboten und traditionell zu Weihnachten, Silvester oder Ostern zubereitet. Er liebt schlammigen Untergrund und schmeckt, wenn er nicht richtig gewässert wurde, manchmal leicht erdig. Ursprünglich stammt der Karpfen aus dem asiatischen Raum und wurde in der Blütezeit der Römer in Europa angesiedelt.

Heute stammen rund 90 Prozent der Speisekarpfen aus der Teichwirtschaft, der Rest aus Flüssen und Seen. Obwohl ein Karpfen bis zu 40 Jahre alt werden und ein Gewicht von bis zu 30 kg erreichen kann, verkauft Ihnen der Züchter den Fisch in der Regel bereits, wenn er rund 3 Jahre alt und etwa 1 kg schwer ist: Dann schmeckt er am besten. Die Zubereitungsmöglichkeiten reichen vom Dämpfen oder Dünsten bis zum Braten. Der Karpfen eignet sich aber auch zum Räuchern.

Fangzeiten Mai bis November

BRASSE

Die Brasse, auch Brachse genannt und von Anglern ihrer Form wegen manchmal auch als Gummistiefel bezeichnet, ist ein 30 bis ca. 60 cm langer, wie der Karpfen sehr grätenreicher Weißfisch. Es gibt nicht nur im Süßwasser lebende Arten, sondern auch Meerbrassen oder Seebrassen, die im Salzwasser vorkommen. Brassen schmecken gebraten und gedämpft sehr gut, lieben aber auch kräftig gewürzte Saucen.

Fangzeiten April bis Oktober

WELS ODER WALLER

Eine Schönheit ist er nicht, der größte Süßwasserfisch Deutschlands, der bis zu 3 m lang und mehr als 150 kg schwer werden kann. Er besitzt einen schuppenlosen, platten Körper mit schleimiger Haut und einen sich nach hinten verjüngenden, langen Schwanz. Der flache Kopf mit den sechs langen Bartfäden macht das Ungeheuer fast perfekt. Wegen seines furchterregenden Aussehens ranken sich schon seit Jahrhunderten schaurige Legenden um diesen Fisch. Dafür ist er bei Köchen umso beliebter. Sein weißes Fleisch hat kaum Gräten und ist sehr fest. Außerdem ist er trotz des relativ hohen Fettgehalts äußerst wohlschmeckend und für viele Zubereitungsarten geeignet: Er kann gebraten, gedämpft, geräuchert oder zu Klößchen verarbeitet werden.

Fangzeiten Mai bis Oktober

KARPFEN BLAU
Ein Klassiker der Fischküche

EINE SCHMACKHAFTE, BEKÖMMLICHE ZUBEREITUNGSART, DIE SEIT GENERATIONEN IN JEDER KÜCHE ZUR ANWENDUNG KOMMT.

Zutaten für 4 Portionen

1 mittelgroße Zwiebel
1 Bund Suppengemüse
3 Gewürznelken
1 Lorbeerblatt
10 Pfefferkörner
5 Pimentkörner
Salz
5 EL Essig
1 küchenfertiger Karpfen (ca. 1 ½ kg)

besonderes Werkzeug
- ovaler Fischbräter mit Deckel

Zeitbedarf
- 15 Minuten +
  35 Minuten garen

So geht's

1. Die Zwiebel schälen. Das Suppengemüse waschen und in mittelgroße Stücke schneiden. Zwiebel und Gemüse zusammen mit Gewürznelken, Lorbeerblatt, Pfeffer- und Pimentkörnern, einer guten Prise Salz und dem Essig in den Fischbräter geben, mit Wasser auffüllen und zum Kochen bringen.

2. Den Karpfen unter fließendem kaltem Wasser vorsichtig abwaschen [→ a], dann in den kochenden Sud legen. Der Fisch muss vollständig mit Flüssigkeit bedeckt sein, sonst noch Wasser nachgießen. Den Fischbräter verschließen, die Temperatur etwas reduzieren und den Karpfen bei mittlerer Hitze ca. 35 Minuten ziehen lassen [→ b]. Der Fisch ist gar, wenn sich seine Rückenflosse leicht herausziehen lässt.

3. Eine große Servierplatte im Ofen vorwärmen. Den gegarten Karpfen aus dem Sud heben und auf der Platte anrichten.

Als Beilage passen am besten Salzkartoffeln.

SO SCHMECKT'S AUCH Wer dem Karpfen eine zusätzliche pikante Note geben möchte, reibt vor dem Servieren frischen Meerrettich darüber.

POCHIERT

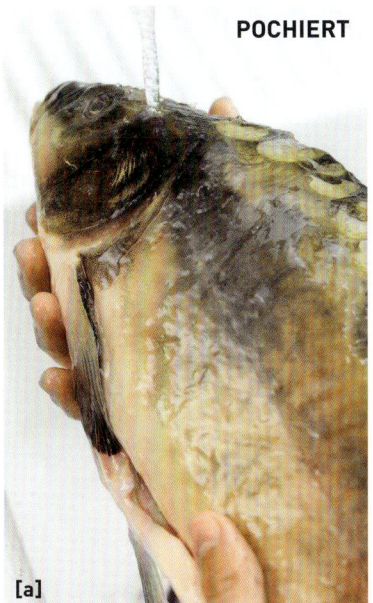

[a]

DAS IST *wirklich* WICHTIG

[a] VORSICHTIG WASCHEN Den Karpfen vorsichtig abwaschen, damit die Schleimschicht nicht verletzt wird und der Fisch beim Garen im Sud blau bleibt.

[b] NICHT KOCHEN Beim Garen im Fischbräter darauf achten, dass der Sud unter dem Siedepunkt bleibt und nicht aufkocht.

KARPFEN

GOLDGELBE KRUSTE FERTIG GEBRATEN

DAS IST *wirklich* WICHTIG

[a] **MEHL SATT** Je öfter der Fisch im Mehl gewendet wird, desto knuspriger wird die Kruste.

[b] **KONTROLLIERTE HITZE** Während des Bratens unbedingt in der Nähe der Pfanne bleiben. Die Bratbutter darf nicht zu heiß und der Fisch nicht schwarz werden.

GEBACKEN

KARPFEN MIT BIERKRUSTE
goldgelb ausgebacken

EIN EINFACHES UND SCHNELL ZUBEREITETES KARPFENREZEPT, MIT DEM MAN NICHT NUR AM FREITAG PUNKTET.

Zutaten für 4 Portionen

- 4 Karpfenfilets (à ca. 180 g)
- Salz, Pfeffer aus der Mühle
- ¼ l dunkles Bier
- 200 g Mehl
- 150 g Butterschmalz
- 1 Zweig Rosmarin

Zeitbedarf
- 35 Minuten

So geht's

1. Die Karpfenfilets kalt abspülen und trocken tupfen. Die Filets halbieren und auf beiden Seiten mit Salz und Pfeffer einreiben.

2. Das Bier in eine Schüssel, das Mehl auf einen Teller geben. Die Fischstücke mehrmals in das Bier tauchen. Anschließend in Mehl wenden, bis sie ganz bedeckt sind [→ a]. Überschüssiges Mehl abklopfen.

3. Butterschmalz in einer Pfanne erhitzen, den Rosmarinzweig dazugeben. Die Karpfenstücke hineingeben und auf beiden Seiten goldgelb ausbacken [→ b].

Dazu passen hausgemachter lauwarmer Kartoffelsalat mit Speck und ein Klecks Remouladensauce.

Die Variante

Käse-Karpfen
Eine Panade aus 100 g Mehl und 100 g frisch geriebenem Parmesan mischen. Die gewürzten Karpfenstücke nicht durch Bier, sondern durch geschlagenes Ei ziehen und anschließend panieren. In Butterschmalz ausbacken und mit Remouladensauce servieren.

KARPFEN GEBACKEN
mit Meerrettich und Gemüse

MIT GEMÜSE GEFÜLLT UND MIT EINER WÜRZIGEN MEERRETTICHKRUSTE GEBACKEN: SO ZUBEREITET PASST DER KARPFEN AUCH IN DIE WÄRMERE JAHRESZEIT.

Zutaten für 4 Portionen

- 1 küchenfertiger Karpfen (ca. 1 ½ kg)
- 1 mittelgroße Zwiebel
- 1 Möhre
- ½ Sellerie
- ½ Stange Lauch
- Salz, Pfeffer aus der Mühle
- 150 g Meerrettich aus dem Glas
- Olivenöl zum Einpinseln
- ½ Bund Petersilie

besonderes Werkzeug
- Zahnstocher
- Alufolie

Zeitbedarf
- 30 Minuten + 60 Minuten garen

So geht's

1. Den Backofen auf 180 °C (Umluft 160 °C) vorheizen. Den Karpfen kalt abspülen und mit einem Küchentuch trocken tupfen.

2. Zwiebel, Möhre und Sellerie schälen, Lauch waschen. Alles in kleine Würfel schneiden und in einer Schüssel gut vermischen.

3. Den Karpfen innen und außen mit Salz und Pfeffer einreiben, mit dem Gemüse füllen und mit Zahnstochern gut verschließen. Die Oberseite des Fisches mit der flachen Seite eines breiten Messers gleichmäßig mit dem Meerrettich bestreichen.

4. Ein Backblech mit Alufolie auslegen und diese mit Olivenöl einpinseln. Den Karpfen auf das Blech legen und im vorgeheizten Ofen 60 Minuten backen. Alle 10 Minuten mit dem austretenden Saft beträufeln.

5. Die Petersilie zupfen und fein hacken. Den Karpfen auf einer großen Platte anrichten und mit der gehackten Petersilie bestreuen. Den Saft vom Blech in eine Sauciere gießen und zum Fisch servieren.

Dazu Salz- oder Petersilienkartoffeln sowie mit Sahne verfeinerte Möhren als Gemüsebeilage reichen.

AUS DEM OFEN UND POCHIERT

KARPFENFILETS
mit Lebkuchensauce

KARPFEN AN KRÄFTIGER LEBKUCHENSAUCE – EIN EINFACHES, KLASSISCHES REZEPT NICHT NUR FÜR DIE VORWEIHNACHTSZEIT.

Zutaten für 4 Portionen

- 4 Karpfenfilets (à ca. 180 g)
- 6 EL Essig
- 50 g Rosinen
- warmes Wasser zum Einweichen
- 1 Bund Suppengemüse
- 1 große Zwiebel
- 50 g Butter
- ⅛ l warmes Wasser
- 1 Lorbeerblatt
- Salz, Pfeffer aus der Mühle
- gemahlener Piment
- ¼ l Malzbier
- 50 g Lebkuchen
- 2 EL Saucenbinder
- Saft von ½ Zitrone
- Zucker

Zeitbedarf
- 30 Minuten +
  30 Minuten marinieren +
  40 Minuten garen

So geht's

1. Die Karpfenfilets kalt abspülen, trocken tupfen und halbieren. Mit dem Essig beträufeln und 30 Minuten marinieren.

2. Die Rosinen in warmem Wasser einweichen. Das Suppengemüse putzen und klein schneiden. Die Zwiebel schälen und in kleine Würfel schneiden.

3. Die Butter in einem Topf zergehen lassen und darin das Suppengemüse bei kleiner Hitze 5 Minuten andünsten. Mit dem warmen Wasser aufgießen. Zwiebel, Rosinen und Lorbeerblatt dazugeben und mit Salz, Pfeffer und Piment würzen. Den Sud 15 Minuten kochen lassen. Dann die Hälfte des Malzbiers hinzufügen und den Sud ca. 5 Minuten bei mittlerer Hitze ziehen lassen.

4. Lebkuchen in eine Schüssel geben und das restliche Bier darübergießen. Den Lebkuchen gut aufweichen lassen, dann zum Sud geben und diesen noch einmal aufkochen.

5. Die marinierten Karpfenfilets in den Sud legen und 20 Minuten ziehen, aber nicht kochen lassen. Den Backofen auf 120 °C (Umluft 100 °C) vorheizen. Nach Ende der Garzeit den Fisch aus dem Sud nehmen und im Ofen warm stellen.

6. Den Sud mit Saucenbinder andicken und mit Salz, Pfeffer, Zitronensaft und Zucker abschmecken. Die Karpfenfilets auf Teller anrichten und mit der Sauce begießen.

Als Beilage passen Salzkartoffeln und in Butter geschwenkte Möhren und Erbsen oder ein grüner Salat.

KARPFEN IN BIERSAUCE
herzhaft und würzig

WENN HOPFEN UND MALZ AUF EINEN KARPFEN TREFFEN, ENTSTEHT EINE SCHMACKHAFTE LIAISON. DAZU PASST NATÜRLICH EIN KÜHLES BIER AM BESTEN.

Zutaten für 4 Portionen

- 4 Karpfenfilets (à ca. 180 g)
- Saft von ½ Zitrone
- 1 mittelgroße Zwiebel
- 1 Bund Suppengemüse
- 5 EL Öl
- 125 g Butter
- 4 cl Balsamico-Essig
- 1 EL Honig
- ½ l Bier
- Salz, Pfeffer aus der Mühle
- 4 Stängel glatte Petersilie

Zeitbedarf
- 45 Minuten

So geht's

1. Die Karpfenfilets kalt abspülen und trocken tupfen. Mit Zitronensaft beträufeln und auf beiden Seiten mit Salz und Pfeffer einreiben.

2. Zwiebel und Suppengemüse schälen und in kleine Würfel schneiden. Das Öl in einem Topf erhitzen und Zwiebel und Gemüse darin anbraten. Das Öl vorsichtig abgießen. 1 EL Butter zum Gemüse geben, mit Balsamico-Essig ablöschen und den Honig hinzufügen. Mit Bier auffüllen und einige Minuten kochen lassen. Den Fond durch ein Sieb in eine Schüssel abgießen und wieder in den Topf geben.

3. In einer Pfanne die Hälfte der restlichen Butter erhitzen und die Karpfenfilets darin auf beiden Seiten goldbraun anbraten. Die restliche Butter kalt stellen.

4. Den Backofen auf 120 °C (Umluft 100 °C) vorheizen. Die angebratenen Filets in den Fond legen und 10 Minuten gar ziehen lassen. Herausnehmen und im Ofen warm stellen.

5. Den Fond auf ein Drittel einkochen lassen, dann die kalte Butter einrühren. Mit Salz, Pfeffer und einem Schuss Balsamico abschmecken. Die Sauce darf jetzt nicht mehr kochen.

6. Die Petersilie zupfen und fein hacken. Die Karpfenfilets auf Teller anrichten, die Sauce darübergeben und mit gehackter Petersilie bestreuen.

Dazu schmecken am besten Salzkartoffeln.

GEBRATEN

MARINIERTE BRASSE
in Tomatensauce

DURCH DIE WÜRZIGE MARINADE BEKOMMT DER OHNEHIN SCHON AROMATISCHE FISCH EINEN NOCH VIEL FEINEREN GESCHMACK.

Zutaten für 4 Portionen

- 4 Flussbrassenfilets (à ca. 180 g)
- 80 g Schalotten
- 2 Knoblauchzehen
- 50 g Möhren
- 40 g Petersilienwurzel
- 2 kleine Chilischoten
- 5 Zweige Thymian
- 1 Zweig Rosmarin
- 1 TL weiße Pfefferkörner
- Salz
- ½ l trockener Rotwein
- 7 EL Olivenöl
- 1 EL Mehl
- 2 EL Tomatenmark
- ⅛ Liter Fischfond (Rezept siehe Seite 36), ersatzweise aus dem Glas
- 250 g Eiertomaten
- 2 Stängel Petersilie

Zeitbedarf
- 30 Minuten +
- 5 Stunden marinieren

So geht's

1. Die Brassenfilets in 3–4 cm breite Stücke schneiden. Schalotten, Knoblauch, Möhren und Petersilienwurzel schälen und in Scheiben schneiden. Chilischoten halbieren, entkernen und in feine Streifen schneiden. Gemüse, 4 Zweige Thymian, Rosmarin, Pfefferkörner und ½ TL Salz abwechselnd mit den Fischstücken in eine Schüssel schichten und mit dem Rotwein übergießen. Die Schüssel abdecken und für 5 Stunden in den Kühlschrank stellen.

2. Den Fisch aus der Marinade nehmen und trocken tupfen. Die Marinade durch ein Sieb in eine Schüssel gießen.

3. In einer Pfanne 3 EL Olivenöl erhitzen und Gemüse und Gewürze aus der Marinade darin scharf anbraten. Die durchgesiebte Marinade hinzugeben und auf die Hälfte einkochen lassen. Dann alles durch ein feines Sieb abgießen und die eingekochte Marinade beiseitestellen.

4. Den Backofen auf 120 °C (Umluft 100 °C) vorheizen. Die Brassenstücke im Mehl wenden, überschüssiges Mehl abklopfen. In der Pfanne 4 EL Olivenöl erhitzen und den Fisch darin von beiden Seiten anbraten. Herausnehmen und im Ofen warm stellen.

5. Das Tomatenmark in die Pfanne geben und kurz anrösten. Den Fischfond und die eingekochte Marinade angießen. Bei kleiner Hitze ca. 20 Minuten köcheln lassen.

6. Die Tomaten kurz überbrühen, häuten, entkernen und in kleine Würfel schneiden. Tomatenwürfel und angebratene Fischfilets in die Sauce geben und alles nochmals 10 Minuten ziehen lassen.

7. Petersilie und restlichen Thymian zupfen und fein hacken. Den Fisch auf Teller anrichten, mit der Sauce begießen und mit den Kräutern bestreuen.

Als Beilage passen sowohl Salzkartoffeln als auch Spaghetti.

FLUSSBRASSE

DAS IST *wirklich* WICHTIG

[a] KALTE BUTTER Die Butter, die in den Fond eingerührt wird, muss unbedingt kalt sein. Danach darf die Sauce nicht mehr kochen, damit die Butter nicht gerinnt.

[b] SCHÄRFE DOSIEREN Vorsicht bei der Dosierung des Cayennepfeffers. Beginnen Sie mit einer Messerspitze und schmecken Sie die Sauce immer wieder ab, damit sie nicht zu scharf wird.

[a]

GEBRATEN

BRASSEN MIT MÖHREN
und Zitronen-Kapern-Sauce

ZUM GEBRATENEN FISCH EINE SÄUERLICHE SAUCE MIT ZITRONE UND KAPERN: EIN HERRLICH ERFRISCHENDES SOMMERGERICHT.

Zutaten für 4 Portionen

- 4 Flussbrassenfilets (à ca. 180 g)
- 1 EL Kapern
- 4 große Möhren
- 50 g Butter
- 1 Bund Petersilie
- Salz, Cayennepfeffer
- ⅛ Liter Fischfond (Rezept siehe Seite 36), ersatzweise aus dem Glas
- 4 cl Weißwein
- 1 Zitrone
- 100 g kalte Butter
- 25 g Sahne
- Pfeffer aus der Mühle

Zeitbedarf
- 45 Minuten

So geht's

1. Die Brassenfilets kalt abspülen und trocken tupfen. Die Kapern unter fließendem Wasser kurz abwaschen, dann trocken tupfen und fein hacken.

2. Die Möhren schälen und in kleine Würfel schneiden. 25 g Butter in einer Pfanne erhitzen und die Möhren darin leicht andünsten. Mit Wasser knapp bedecken und ca. 10 Minuten bissfest garen. Petersilie zupfen, fein hacken und unter die Möhren mischen. Mit Salz und Cayennepfeffer abschmecken.

3. Fischfond und Weißwein in einen Topf geben und auf ein Drittel einkochen lassen. Die Zitrone auspressen und zum Fond geben. Die kalte Butter in Scheiben schneiden und mit dem Schneebesen nach und nach in den Fond einrühren [→ a]. Die gehackten Kapern hinzufügen. Die Sahne steif schlagen und unter die Sauce ziehen. Mit Salz und Cayennepfeffer [→ b] abschmecken.

4. Die Brassenfilets auf beiden Seiten mit Salz und Pfeffer würzen. 25 g Butter in einer Pfanne erhitzen und die Fischfilets darin von jeder Seite 2–3 Minuten braten.

5. Die Fischfilets auf Teller anrichten, mit Sauce begießen und die Möhren rundherum verteilen.

Dazu passen kleine Pellkartoffeln, halbiert und mit der Schale in Olivenöl geröstet.

SO SCHMECKT'S AUCH Für dieses Rezept eignet sich auch Zander sehr gut.

Die Variante

Brasse mit Peperonata
Je 1 rote und gelbe Paprikaschote halbieren, von Kernen und weißer Haut befreien und klein schneiden. 1 Zucchini waschen, halbieren und klein schneiden. 1 große Zwiebel schälen, klein schneiden und in Öl anschwitzen. Gemüse dazugeben und einige Minuten dünsten. 1 EL Zucker darüberstreuen, kurz mitbraten. Mit 2 EL Weißweinessig und 2 EL Wasser ablöschen und weich dünsten. Die Peperonata auskühlen lassen und zu den gebratenen Brassenfilets servieren.

FLUSSBRASSE

BRASSENFILETS
mit Rotwein-Schalotten

GOLDBRAUN GEBRATENER FISCH, DAZU IN ROTWEIN GESCHMORTE SCHALOTTEN IN WÜRZIGER BUTTERSAUCE – EINE PERFEKTE KOMBINATION.

Zutaten für 4 Portionen

- 4 Flussbrassenfilets (à ca. 180 g)
- 12 kleine Schalotten
- ½ l kräftiger Rotwein
- 2 cl Portwein
- 60 g kalte Butter
- Salz, Cayennepfeffer
- Pfeffer aus der Mühle
- Olivenöl zum Braten

Zeitbedarf
- 40 Minuten

So geht's

1. Die Fischfilets unter fließendem kaltem Wasser abspülen und trocken tupfen. Die Schalotten schälen und die festen äußeren Häute entfernen.

2. Den Rotwein in einem Topf aufkochen, die Schalotten hineingeben und bei schwacher Hitze ziehen lassen, bis sie weich sind. Von dem Rotweinfond 0,2 l abmessen und in einen Topf geben. Den Portwein hinzufügen und den Fond auf 0,1 l einkochen lassen.

3. Die kalte Butter in Stücke schneiden und nach und nach in den heißen Fond einrühren. Mit Salz und Cayennepfeffer abschmecken. Die Sauce darf jetzt nicht mehr kochen. Die weich gekochten Schalotten in die Sauce geben.

4. Die Brassenfilets auf beiden Seiten salzen und pfeffern. Olivenöl in einer Pfanne erhitzen und den Fisch darin bei mittlerer Hitze auf jeder Seite 2 Minuten goldbraun braten. Die Fischfilets zusammen mit den Schalotten und der Sauce auf Teller anrichten.

Dazu schmecken Salzkartoffeln oder Reis.

GEBRATEN UND GEDÜNSTET

GEDÜNSTETE BRASSE
auf süßsaurem Linsengemüse

FISCH MUSS NICHT IMMER GEBRATEN WERDEN, AUCH GEDÜNSTET ZEIGT ER SICH VON SEINER BESTEN SEITE.

Zutaten für 4 Portionen

- 500 g braune Linsen
- 4 Flussbrassenfilets (à ca. 180 g)
- 3 kleine rote Zwiebeln
- 100 g Knollensellerie
- 100 g Möhren
- 100 g Lauch
- ½ l Gemüsebrühe
- 100 g Butter
- 50 ml Balsamico-Essig
- 250 g Crème fraîche
- Salz, Pfeffer aus der Mühle
- Zucker
- ¼ l Fischfond (Rezept siehe Seite 36), ersatzweise aus dem Glas
- ¼ l Weißwein
- 1 Bund Schnittlauch

Zeitbedarf
- 12 Stunden einweichen + 30 Minuten + 40 Minuten garen

So geht's

1. Am Vorabend die Linsen abspülen, in eine Schüssel geben, mit kaltem Wasser bedecken und über Nacht einweichen.

2. Die Brassenfilets kalt abspülen und trocken tupfen. Die Zwiebeln schälen und in kleine Würfel schneiden. Sellerie und Möhren schälen, Lauch halbieren und gut waschen. Das Gemüse in kleine Würfel schneiden.

3. Die eingeweichten Linsen abgießen und in der Gemüsebrühe 30 Minuten bissfest garen. Die Linsen über einem Topf durch ein Sieb gießen, dann unter fließendem kaltem Wasser abschrecken. Die aufgefangene Brühe aufbewahren.

4. Butter in einem Topf schmelzen. Die Gemüsewürfel hineingeben und andünsten, dann die Linsen hinzufügen. Mit Balsamico-Essig und der aufbewahrten Brühe ablöschen. Die Crème fraîche zugeben und alles gut verrühren. Mit Salz, Pfeffer und wenig Zucker abschmecken. Kurz aufkochen lassen.

5. Fischfond und Wein in einem Topf aufkochen, dann die Temperatur auf mittlere Hitze herunterschalten. Die Fischfilets mit Salz und Pfeffer würzen, in den Sud geben und den Topf verschließen. Die Filets ca. 10 Minuten dünsten.

6. Den Schnittlauch in feine Röllchen schneiden. Das Linsengemüse gleichmäßig auf Teller verteilen, die gedünsteten Brassenfilets daraufsetzen und mit Schnittlauch bestreuen.

Dazu kleine neue Pellkartoffeln oder Basmatireis servieren.

WELS IM WEISSWEINSUD
mit Wurzelgemüse

HIER SCHWIMMT DER FISCH IN EINEM WEINSUD UND BEKOMMT DADURCH EINE BESONDERS FEINE, AROMATISCHE NOTE.

Zutaten für 4 Portionen

- 1 küchenfertiger Wels (ca. 2 kg)
- 1 Zitrone
- Salz

Für den Wurzelsud

- 1 große Zwiebel
- 1 Stange Lauch
- 1 Möhre
- ¼ Sellerie
- 5 Wacholderbeeren
- 5 Pfefferkörner
- 1 Bund Dill
- 1 Bund glatte Petersilie
- 1 Stängel Estragon
- 50 g Butter
- 2 l Wasser
- 400 ml trockener Weißwein
- 2 Lorbeerblätter

Zeitbedarf
- 30 Minuten +
  30 Minuten garen

So geht's

1. Den Wels unter fließendem kaltem Wasser abwaschen und mit einem sauberen Küchentuch trocken tupfen. Die Zitrone auspressen und den Fisch gleichmäßig mit dem Saft beträufeln. Innen und außen mit Salz einreiben.

2. Für den Wurzelsud die Zwiebel schälen und in dünne Scheiben schneiden. Den Lauch waschen und in feine Ringe schneiden. Möhre und Sellerie schälen und in feine Stifte schneiden. Wacholderbeeren und Pfefferkörner mit der flachen Seite eines breiten Messers zerdrücken. Dill, Petersilie und Estragon zupfen und fein hacken.

3. Butter in einem großen Topf zerlassen. Die Zwiebelringe darin glasig anbraten, dann das Gemüse und die gehackten Kräuter dazugeben und bei mittlerer Hitze 2–3 Minuten dünsten lassen [→ a]. Mit Wasser und Wein aufgießen [→ b]. Die zerdrückten Wacholderbeeren und Pfefferkörner sowie die Lorbeerblätter hinzufügen, aufkochen und 10 Minuten kochen lassen.

4. Den Wels in den kochenden Sud geben, nach 2 Minuten auf mittlere Hitze zurückschalten und den Fisch 15 Minuten gar ziehen lassen [→ c].

5. Den Wels aus dem Sud heben und auf eine große Platte anrichten. Den Sud weiter einkochen lassen. Währenddessen den Wels in Portionen zerteilen (Haut entfernen) und zusammen mit dem Wurzelgemüse auf Teller anrichten. Mit etwas Sud begießen.

Klassische Beilagen sind Salz- oder Petersilienkartoffeln, zum Wels im Sud schmeckt aber auch körniger Reis.

POCHIERT

[a]

DAS IST *wirklich* WICHTIG

[a] VORSICHTIG DÜNSTEN Das Gemüse bei nicht zu hoher Temperatur in der Butter dünsten. Ist die Butter zu heiß, wird das Gemüse bitter.

[b] DER GLEICHE WEIN Für den Sud denselben Wein verwenden, der auch zum Fisch getrunken wird.

[c] SIEDEPUNKT BEACHTEN Beim Garen immer darauf achten, dass der Sud unter dem Siedepunkt bleibt, sonst zerfällt der Fisch.

WELSFILET-SPIESSE
mit Paprika und Schalotten-Chili-Butter

FISCH EINMAL ANDERS: DIE PIKANTE VARIANTE MIT PAPRIKA AM SPIESS BRINGT ABWECHSLUNG UND FARBE AUF DEN TELLER.

Zutaten für 4 Portionen

- 4 Welsfilets ohne Haut (à ca. 150 g)
- 1 Zitrone
- Salz, Pfeffer aus der Mühle
- 1 rote Paprikaschote
- 1 grüne Paprikaschote
- 1 Knoblauchzehe
- 1 Schalotte
- 1 Bund Petersilie
- Sonnenblumenöl zum Braten
- 2 Zweige Thymian
- 50 g Butter
- 1 TL Cayennepfeffer oder Chilipulver

besonderes Werkzeug
- 4 Spieße aus Holz oder Metall

Zeitbedarf
- 40 Minuten

So geht's

1. Die Welsfilets gut abspülen und vorsichtig trocken tupfen. Die Zitrone auspressen und die Filets mit dem Saft beträufeln. Auf beiden Seiten mit Salz und Pfeffer würzen, dann in gleichmäßige, mittelgroße Stücke schneiden.

2. Die Paprikaschoten waschen und halbieren. Kerngehäuse und weiße Haut entfernen. Die Schoten in gleichmäßige, mittelgroße Vierecke schneiden. Fischstücke und rote und grüne Paprikavierecke abwechselnd auf 4 Holz- oder Metallspieße stecken.

3. Den Ofen auf 120 °C (Umluft 100 °C) vorheizen. Die Knoblauchzehe schälen, die Schalotte schälen und in feine Würfel schneiden. Die Petersilie zupfen und fein hacken.

4. Das Öl in einer Pfanne erhitzen und die Fischspieße hineinlegen. Die Pfanne mit einem Deckel verschließen und die Spieße 5 Minuten braten. Zwischendurch mehrmals wenden. Die fertig gebratenen Spieße auf eine Platte geben und im vorgeheizten Ofen warm stellen.

5. Die Knoblauchzehe durch die Presse direkt ins heiße Öl in der Pfanne drücken. Thymianzweige, Schalotte und Petersilie dazugeben und alles scharf anbraten. Hitze reduzieren, dann erst die Butter hineingeben. Zum Schluss Cayennepfeffer oder Chilipulver dazugeben und alles verrühren.

6. Die Spieße auf Teller anrichten und mit der heißen Schalotten-Chili-Butter übergießen.

SO SCHMECKT'S AUCH Die Welsfilet-Spieße können auch auf offenem Feuer gegrillt werden. Parallel dazu wird die Schalotten-Chili-Butter wie beschrieben in der Pfanne zubereitet.

SPIESSE UND AUS DEM OFEN

WELS IN MEERRETTICHSAUCE
mit Erbsen-Möhren-Püree

BEI DIESER ZUBEREITUNGSART WIRD DAS SAFTIGE WELSFLEISCH BESONDERS AROMATISCH. EIN HERZHAFTES ALLTAGSGERICHT.

Zutaten für 4 Portionen

- 4 Welsfilets ohne Haut (à ca. 150 g)
- ½ Zitrone
- Salz, Pfeffer aus der Mühle
- 2 EL Mehl
- 100 g Butter
- 400 ml Fischfond (Rezept siehe Seite 36), ersatzweise aus dem Glas
- 400 ml + 2 EL Sahne
- 50 g frischer Meerrettich
- 1 Bund Petersilie
- 250 g Möhren
- 250 g Erbsen

besonderes Werkzeug
- Stabmixer

Zeitbedarf
- 30 Minuten + 40 Minuten garen

So geht's

1. Die Welsfilets waschen und gut trocken tupfen. Die Zitrone auspressen und die Filets mit dem Saft beträufeln. Mit Salz und Pfeffer würzen, dann im Mehl wenden. Überschüssiges Mehl abklopfen.

2. Gut ⅔ der Butter in einer Pfanne schmelzen lassen. Die Fischfilets hineingeben und bei mittlerer Hitze auf jeder Seite 3–4 Minuten goldbraun braten. Den Backofen auf 180 °C (Umluft 160 °C) vorheizen.

3. Eine mittelgroße Auflaufform mit etwas Butter einpinseln, die Filets hineinlegen und mit dem Fischfond und 400 ml Sahne aufgießen. Der Fisch sollte bedeckt sein. Den Meerrettich schälen, reiben und über den Fisch streuen. Die Form für ca. 25 Minuten in den heißen Backofen schieben.

4. Die Petersilie zupfen und fein schneiden oder hacken. Die Möhren schälen und klein schneiden. Zusammen mit den Erbsen in Salzwasser ca. 10 Minuten köcheln lassen. Möhren und Erbsen durch ein Sieb abgießen und in den Topf zurückgeben. Ein kleines Stück Butter und 2 EL Sahne sowie die gehackte Petersilie hinzufügen und das Gemüse mit einem Stabmixer pürieren. Mit Salz und Pfeffer abschmecken.

5. Die Welsfilets aus der Form nehmen. Den Sud in einen Topf gießen und mit dem Stabmixer oder Schneebesen schaumig aufrühren. Die Fischfilets auf Teller legen und mit der Sauce begießen. Das Erbsen-Möhren-Püree dazu anrichten.

Als Beilage passen am besten Salzkartoffeln, aber auch breite Bandnudeln, die mit einem Stück gesalzener Butter verfeinert werden können.

BERUFSFISCHEREI

BERUFSFISCHEREI

DIE NETZWERKER
Berufsfischer auf Seen und Flüssen

NICHT NUR DAS, WAS DAS LAND IHNEN BIETET, NÄHRT DIE MENSCHEN, AUCH DIE MEERE, SEEN UND FLÜSSE TUN ES SEIT JAHRTAUSENDEN.

Ihre Tage beginnen früh, und wenn Büromenschen aufstehen, haben sie bereits einen Teil ihres Pensums geschafft: Heute wie immer schon fahren Fischer im Morgengrauen hinaus, um Beute zu machen. Die Figur des Fischers ist fest verwurzelt in der Mythologie der Völker. Im deutschen Sprachraum kennen viele das Märchen „Vom Fischer und seiner Frau". Traditionelle Bräuche der Fischerzünfte werden auch im 21. Jahrhundert bei großen Volksfesten gepflegt, etwa das Fischerstechen, das auf Booten ausgetragen wird und bei dem die Mannschaften versuchen, sich mit langen Speeren gegenseitig ins Wasser zu befördern.

ROMANTIK UND REALITÄT
Männer, Boote, Netze. Wettergegerbte Gesichter, zupackende Hände. Zwischen Archaik und Romantik changiert das Bild des Fischers, doch die Realität sieht heute ein wenig anders aus. Auf den Meeren wird der Hochseefischfang betrieben wie eine Industrie, wenn kilometerlange Netze Wasser und Grund durchpflügen und der Fang an Bord gleich ausgenommen und tiefgekühlt wird. Die Binnenfischerei ist anders strukturiert. Männer wie der Bodenseefischer Wilhelm Böhler landen frischen Fisch an und verarbeiten ihn an Land. Viele Binnenfischer beliefern gastronomische Betriebe.

Ob Bodensee, Chiemsee oder Müritz, Starnberger See oder Steinhuder Meer, Mosel, Elbe oder Main: Dank strengerer Umweltauflagen hat sich die Qualität der deutschen Binnengewässer im zurückliegenden Vierteljahrhundert kontinuierlich verbessert.

WENIGER FISCH
Dass das Wasser sauberer wird, kann einen grundsätzlich freuen, dem Stand der Fischer muss dies nicht unbedingt helfen. Aus dem Bodensee etwa haben die Berufsfischer vor 15 Jahren jedes Jahr 400 Tonnen mehr Fisch geholt als heute. Aale beispielsweise gehen ihnen dort kaum noch in die Netze. Die Gründe sind vielfältig. Vermutet wird unter anderem, dass die Turbinen von Wasserkraftwerken die Zuwanderung aus den Flüssen erschweren. Hinzu kommt, dass Wasser in Trinkqualität für viele Fischarten gut, für andere ungeeignet ist, weil sie darin zu wenige Nährstoffe wie etwa Algen finden.

Einem Gewässer auf die Sprünge hilft ein Fischereimeister am Tegernsee. In einem Ortsteil von Bad Wiessee hat der Bezirk Oberbayern Michael Ostermeier einen Modellbetrieb finanziert. Dort zieht er heimische Arten wie den Saibling und die Forelle, die im Tegernsee nicht mehr schwammen, und es gelingt ihm, sie in dem Gewässer wieder anzusiedeln. Wenn also Hobbyangler im Tegernsee einen dieser beiden Fische fangen, haben sie das wahrscheinlich dem Profikollegen zu verdanken.

ROTAUGE UND SCHLEIE

ROTAUGE UND SCHLEIE
Sie tauchen tief

ROTAUGE

In Flüssen, bevorzugt schlammig, aber auch in Hafenbecken hält sich das Rotauge gerne auf – eigentlich überall dort, wo es der Forelle, die das klare und schnell fließende Wasser liebt, nicht gefallen würde. Rotaugen werden 25 bis knapp unter 50 cm groß. Ihre Oberseite ist grün, ihr Bauch weiß, was aber je nach Gewässer variieren kann. Wird das Rotauge etwa in einem Baggersee gefangen, kann sein Schuppenkleid fast goldfarben sein. Immer jedoch hat dieser Fisch, der bis zu 3 kg schwer sein kann, eine auffallend rote Iris, daher sein Name. Sein Fleisch schmeckt sehr delikat, jedoch ist es von kleinen, feinen Gräten durchsetzt, die man vor der Zubereitung am besten mit einer Pinzette vorsichtig entfernt. Man kann das Rotauge auch mehrere Tage in Essig einlegen, damit sich die Gräten auflösen.

Fangzeiten April bis Dezember

SCHLEIE

Was lange währt, das wird ein feiner Fisch: Die Schleie mit ihrem typischen, abgerundeten Körper und der von einer Schleimschicht bedeckten Haut wächst sehr langsam. Sie kann eine Länge von 70 cm und ein Gewicht von mehr als 6 kg erreichen. Häufig wird sie zusammen mit Karpfen in einem Teich gezüchtet. Sie gehört ebenfalls zur Gattung der Karpfenfische und liebt deshalb auch den schlammigen Untergrund. Als Speisefisch ist die Schleie jedoch weit weniger bekannt als der Karpfen. Doch sie wird zu Unrecht unterschätzt: Ihr weißes, im Vergleich zum Karpfen festeres Fleisch ist äußerst schmackhaft, saftig und zart und eignet sich hervorragend zum Dämpfen, Dünsten oder Braten. Und für alle Kalorienbewussten: Der Fettgehalt der Schleie liegt weit unter dem des Karpfens.

Fangzeiten April bis September

ROTAUGE

FALSCHE BRATHERINGE
ein säuerlich-würziger Genuss

DASS FISCH NICHT IMMER HEISS AUS DER PFANNE ODER DEM OFEN GEGESSEN WERDEN MUSS, BEWEIST DIESES REZEPT.

Zutaten für 4 Portionen

- 4 Rotaugenfilets (à ca. 150 g)
- 2 saure Gurken oder 4 Cornichons
- 1 mittelgroße Zwiebel
- 4 EL Zucker
- 500 ml Essig
- 500 ml Wasser
- 2 Lorbeerblätter
- 4 TL Salz
- 5 Pfefferkörner
- 1 TL Senfkörner
- 5 Wacholderbeeren
- Salz, Pfeffer aus der Mühle
- 2 EL Mehl
- Sonnenblumenöl zum Braten

besonderes Werkzeug
- runde oder eckige Glasform

Zeitbedarf
- 60 Minuten +
  3 – 4 Stunden kühlen +
  2 Tage marinieren

So geht's

1. Die Rotaugenfilets kalt abspülen und trocken tupfen. Die Gurken oder Cornichons in hauchdünne Scheiben schneiden. Die Zwiebel schälen und in dünne Scheiben schneiden.

2. Den Zucker in einem Topf bei mittlerer Hitze karamellisieren lassen. Mit Essig und Wasser vorsichtig ablöschen. Gurkenscheiben, Lorbeerblätter, Salz, Pfeffer- und Senfkörner sowie Wacholderbeeren dazugeben. Kurz aufkochen lassen.

3. Die Zwiebel in den Sud geben und diesen auf kleiner Stufe 10 Minuten ziehen lassen. Den Topf vom Herd nehmen und den Sud etwas abkühlen lassen. Dann in den Kühlschrank stellen und während 3 – 4 Stunden vollständig erkalten lassen.

4. Die Rotaugenfilets auf beiden Seiten mit Salz und Pfeffer einreiben, dann im Mehl wenden. Überschüssiges Mehl abklopfen. Öl in einer Pfanne erhitzen und die Filets darin auf jeder Seite 2 Minuten braten.

5. Die gebratenen Fischfilets in eine Glasform schichten und mit dem erkalteten Sud übergießen. Für 2 Tage in den Kühlschrank oder in den kühlen Keller stellen.

Diese Rotaugen schmecken besonders gut in einem krossen, mit gesalzener Butter bestrichenen Brötchen oder auf Pumpernickel, aber auch zu heißen Pellkartoffeln.

GEBEIZT

GEBRATENE SCHLEIE
in Sahne-Dill-Sauce

HERZHAFT GEBRATENER FISCH, DAZU EINE MIT DILL AROMATISIERTE SAHNESAUCE: EIN VERSUCH LOHNT SICH.

Zutaten für 4 Portionen

4 Schleienfilets (à ca. 150 g)
1 Zitrone
Salz, Pfeffer aus der Mühle
2 EL Mehl
2 Bund Dill
200 g Butter
⅛ l Weißweinessig
2 Eigelb
100 ml Sahne
1 Prise Zucker

Zeitbedarf
- 40 Minuten

So geht's

1. Die Fischfilets unter fließendem kaltem Wasser abspülen, mit Küchenpapier trocken tupfen. Die Zitrone auspressen. Die Filets mit Salz und Pfeffer würzen und mit Zitronensaft beträufeln. Anschließend in Mehl wenden, überschüssiges Mehl abklopfen.

2. Den Dill zupfen und fein hacken oder in kleine Stücke schneiden. Die Hälfte der Butter in einem Topf zergehen lassen und mit dem Essig aufgießen. Bei schwacher Hitze Eigelbe, Sahne und Zucker beifügen, dann den gehackten Dill unterrühren. Mit dem Schneebesen vorsichtig aufschlagen. Die Sauce darf nicht kochen, sonst gerinnt das Eigelb und die Bindung geht verloren.

3. Die restliche Butter in einer Pfanne erhitzen und die Fischfilets von jeder Seite ca. 3 Minuten goldbraun braten. Auf Teller anrichten und mit der Sauce überziehen.

Als Beilage passen mehlig gekochte Kartoffeln sowie Gurkensalat mit frischem Dill.

GEBRATEN UND GEBACKEN

SCHLEIENFILETS
in Kartoffelkruste

DER KARPFENARTIGE FISCH BEKOMMT DURCH DIE KARTOFFELKRUSTE EINEN KRÄFTIGEN GESCHMACK UND BLEIBT DABEI SAFTIG UND BISSFEST.

Zutaten für 4 Portionen

- 4 Schleienfilets (à ca. 150 g)
- Salz
- weißer Pfeffer aus der Mühle
- 3 TL mittelscharfer Senf
- 5 große Kartoffeln
- 400 g Zucchini
- ¼ l Fleischbrühe
- 50 g Butterschmalz
- 2 Schalotten
- 2 Zweige Rosmarin
- 25 g Butter
- 150 g Sahne
- 2 EL heller Saucenbinder
- 1 TL Zitronensaft

Zeitbedarf
- 40 Minuten

So geht's

1. Die Schleienfilets unter fließendem kaltem Wasser abspülen, mit Küchenpapier trocken tupfen. Die Filets auf beiden Seiten mit Salz und Pfeffer einreiben, dann gleichmäßig mit Senf bestreichen.

2. Die Kartoffeln schälen, waschen und wie für Kartoffelpuffer raspeln. In einem sauberen Küchentuch gut ausdrücken. Die Kartoffeln mit Salz und Pfeffer würzen und die Fischfilets darin wenden. Die Kartoffelmasse gut andrücken, damit der Fisch beim Braten saftig bleibt.

3. Die Zucchini putzen, waschen und der Länge nach in dünne Scheiben schneiden. Die Fleischbrühe aufkochen, die Zucchinischeiben hineingeben und 3 Minuten knapp unter dem Siedepunkt garen. Dann über einer Schüssel in ein Sieb abgießen und abtropfen lassen. Die Brühe aufbewahren.

4. Butterschmalz in einer Pfanne erhitzen. Die Fischfilets im Kartoffelmantel hineingeben und unter mehrmaligem Wenden ca. 5 Minuten goldgelb braten.

5. Die Schalotten schälen und fein hacken. Die Rosmarinnadeln von den Zweigen zupfen. Butter in einem Topf zergehen lassen und Schalotten und Rosmarin darin andünsten. Die Sahne und die Zucchinibrühe dazugießen, kurz aufkochen und mit Saucenbinder andicken. Mit Salz, Pfeffer und Zitronensaft abschmecken. Die abgetropften Zucchinischeiben in die Sauce geben und darin erwärmen.

6. Den gebratenen Fisch zusammen mit den Zucchini und der Sauce auf Teller anrichten.

SO SCHMECKT'S AUCH Wer es noch etwas würziger mag, verwendet zum Einstreichen der Fischfilets scharfen Senf.

ZANDER

ZANDER
Der Vielseitige

DER ZANDER ODER HECHTBARSCH GEHÖRT ZUR FAMILIE DER BARSCHE UND LEBT ALS RAUBFISCH IN VORWIEGEND LANGSAM FLIESSENDEN EUROPÄISCHEN FLÜSSEN UND IN SEEN.

Er gilt als scheuer und vorsichtiger Fisch, der nur schwer zu fangen ist. Das macht den Zander zur besonderen Delikatesse, die bis in die Gourmetgastronomie geschätzt wird. Er gehört zu den feinsten Süßwasserfischen und kann eine Größe von 120 cm und ein Gewicht von 20 kg erreichen. Der größte mit der Angel gefangene Zander stammte aus der Donau und war rund 106 cm lang und 15 kg schwer.

Typisch für den Zander sind sein lang gestreckter Körper, der zugespitzte Kopf, das tief gespaltene Maul und zwei Rückenflossen, von denen die vordere mit Stacheln besetzt ist. Sie ist auch der Grund, warum man beim Umgang mit diesem Raubfisch Vorsicht walten lassen sollte, um sich nicht zu verletzen. Am Körper trägt der Zander kleine Schuppen, die relativ leicht zu entfernen sind.

Aufgrund seines länglichen Körpers und der ähnlichen Kopfform wird der Zander zuweilen mit dem Hecht verwechselt, unterscheidet sich von ihm jedoch durch seine Maulform und die beiden Rückenflossen.

Das Fleisch des Zanders ist sehr schmackhaft, praktisch grätenfrei und vielfältig einsetzbar. Zander schmeckt, auf der Haut gebraten, mit nahezu jeder Art von Beigabe. Als Fisch der gehobenen Küche ist er hierzulande vor allem in der Elsässer Variante bekannt geworden, d. h. mit Linsen und Sauerkraut. Zu dieser Kombination, sei es im Restaurant oder zu Hause, sollten Sie Champagner oder zumindest einen schönen trockenen Sekt genießen.

Fangzeit Mai bis November

ZANDER-LACHS-BULETTEN
mit Gemüse und Apfel

EINE LECKERE ALTERNATIVE ZUM KLASSISCHEN HAMBURGER. UND KINDER DÜRFEN DIE BULETTEN NATÜRLICH MIT KETCHUP GENIESSEN.

Zutaten für 4 Portionen

250 g Zanderfilet
250 g Lachsfilet
100 g Staudensellerie
100 g Möhren
1 Apfel
2 Eiweiß
50 g Semmelbrösel
½ EL Speisestärke
Salz, Pfeffer aus der Mühle
wenig frischer Ingwer
Cayennepfeffer
4 Stängel Petersilie
Olivenöl zum Braten

Zeitbedarf
- 30 Minuten +
  30 Minuten kühlen

So geht's

1. Zander- und Lachsfilet kalt abspülen und trocken tupfen. Dann für 30 Minuten in den Tiefkühler stellen. Die gekühlten Filets in sehr kleine Würfel schneiden.

2. Staudensellerie putzen, Möhren schälen, Apfel schälen und entkernen. Alles in sehr kleine Würfel schneiden.

3. Fisch-, Gemüse- und Apfelwürfelchen in eine Schüssel geben. Eiweiße und Semmelbrösel dazugeben und alles gut durchkneten. Die Speisestärke untermischen. Mit Salz, Pfeffer, etwas geriebenem Ingwer und Cayennepfeffer nach Geschmack würzen. Die Petersilie zupfen, fein hacken und unter die Masse rühren.

4. Die Hände leicht anfeuchten. Aus der Fischmasse kleine Bällchen formen und diese etwas flach drücken [→ a]. Das Olivenöl in einer Pfanne erhitzen und die Fischbuletten darin je nach Größe 2–4 Minuten braten.

Am besten schmeckt die Bulette in einem frischen Brötchen, garniert mit einem Klecks Mayonnaise und Ketchup und dünnen Zwiebelringen. Die Buletten passen aber auch zu einem warmen Kartoffelsalat oder einem Gemüsesalat mit Joghurt-Dressing.

BULETTEN

DAS IST *wirklich* WICHTIG

[a] BULETTEN FORMEN Die Hände zwischendurch immer wieder mit kaltem Wasser anfeuchten. So lassen sich die Buletten leichter und gleichmäßiger formen.

ZANDER

DAS IST *wirklich* WICHTIG

[a] ALUFOLIE DICHT EINSCHLAGEN
Darauf achten, dass die Folie gut verschlossen ist, damit das Aroma in den Fisch geht und nicht im Ofen verfliegt.

AUS DEM OFEN

ZANDER MIT ROTEM CURRY
und Knäckebrot-Knoblauch-Butter

EIN AROMATISCHES, LEICHT PIKANTES FISCHGERICHT, DAS AUF EINER SOMMERLICHEN GARTENPARTY GARANTIERT FÜR FURORE SORGT.

Zutaten für 4 Portionen

4 Zanderfilets mit Haut (à ca. 150 g)

125 g Knoblauchbutter

4 Scheiben Knäckebrot

Olivenöl zum Einpinseln

Salz, Pfeffer aus der Mühle

50 g rotes Currypulver

besonderes Werkzeug
- Alufolie

Zeitbedarf
- 20 Minuten + 20 Minuten garen

So geht's

1. Die Zanderfilets unter fließendem kaltem Wasser abspülen und trocken tupfen. Die Knoblauchbutter in einem Topf leicht erwärmen. Das Knäckebrot in einer Schüssel fein zerbröseln und mit der flüssigen Knoblauchbutter vermengen.

2. Den Backofen auf 200 °C (Umluft 180 °C) vorheizen. Ein Backblech mit Alufolie in der doppelten Blechgröße auslegen und mit etwas Olivenöl einpinseln.

3. Die Fischfilets auf der Hautseite mit Salz und Pfeffer würzen und mit dieser Seite nach unten auf die Alufolie legen. Die oben liegende Seite zuerst mit rotem Currypulver würzen, dann die Knäckebrot-Knoblauch-Butter mit einem breiten Messer gleichmäßig auf die Filets streichen.

4. Die Folie von allen Seiten über dem Fisch einschlagen und dicht verschließen [→ a]. Die Zanderfilets im vorgeheizten Ofen 20 Minuten garen, dann auf Teller anrichten.

Dazu ofenfrisches Baguette oder frische Brötchen reichen. Auch Bratkartoffeln und Endiviensalat mit frischen Gartenkräutern passen gut dazu.

ZANDERFILETS
mit südlichen Kräutern

EINE EINFACHE ZUBEREITUNG, DIE DEM ZANDER EINE MEDITERRANE NOTE VERLEIHT. DIE KRÄUTER KÖNNEN JE NACH SAISON VARIIEREN.

Zutaten für 4 Portionen

- 4 Zanderfilets mit Haut (à ca. 150 g)
- 2 Bio-Zitronen
- 4 Schalotten
- 2 Knoblauchzehen
- 100 g gemischte Kräuter der Saison, z. B. Petersilie, Basilikum, Rosmarin, Majoran, Thymian
- Salz, Pfeffer aus der Mühle
- 6 EL Olivenöl
- 2 EL Mehl

Zeitbedarf
- 30 Minuten

So geht's

1. Die Zanderfilets unter fließendem kaltem Wasser abwaschen und trocken tupfen. Die eine Zitrone auspressen, die andere heiß abspülen und gut abtrocknen, dann in hauchdünne Scheiben schneiden. Schalotten und Knoblauchzehen schälen und in kleine Würfel schneiden. Kräuter zupfen und fein hacken.

2. Die Fischfilets halbieren, mit Zitronensaft beträufeln (etwas Saft übrig behalten), salzen und pfeffern und anschließend im Mehl wenden. Überschüssiges Mehl abklopfen. Den Backofen auf 120 °C (Umluft 100 °C) vorheizen.

3. 4 EL Olivenöl in einer Pfanne erhitzen und die Zanderfilets von beiden Seiten goldbraun anbraten. Herausnehmen und im Ofen warm stellen.

4. Zitronenscheiben, Knoblauch, Schalotten und gehackte Kräuter in die Pfanne geben und ca. 10 Minuten auf kleiner Flamme dünsten. 2 EL Olivenöl mit wenig Zitronensaft, Salz und Pfeffer verrühren.

5. Die Fischflets aus dem Ofen nehmen und auf Teller anrichten. Das gewürzte Olivenöl mit einem Löffel über die Filets geben, dann Zitronenscheiben, Kräuter, Knoblauch und Zwiebeln aus der Pfanne darüber verteilen.

Dazu schmeckt Kartoffelsalat oder auch nur ein grüner Salat, verfeinert mit den gleichen Kräutern wie der Fisch.

GEBRATEN

ZANDERFILETS
mit Apfel-Birnen-Sahne

APFEL, BIRNE, ZANDER: IN DIESEM KÖSTLICHEN REZEPT HAT SICH EIN PERFEKT HARMONIERENDES TRIO GEFUNDEN.

Zutaten für 4 Portionen

- 4 Zanderfilets mit Haut (à ca. 150 g)
- ½ Orange
- Salz, Pfeffer aus der Mühle
- 1 Apfel
- 1 Birne
- 1 EL Butter
- 150 ml Sahne
- Cayennepfeffer
- Muskatnuss
- 2 Knoblauchzehen
- 2 EL Butterschmalz

Zeitbedarf
- 45 Minuten

So geht's

1. Die Zanderfilets unter fließendem kaltem Wasser gut abspülen, dann trocken tupfen und halbieren. Die halbe Orange auspressen. Die Filets mit dem Saft beträufeln und mit Salz und Pfeffer würzen.

2. Apfel und Birne sauber schälen, vom Kerngehäuse befreien und in kleine Würfel schneiden. Die Butter in einem Topf zerlassen, die Apfel- und Birnenwürfel zugeben und kurz anbraten. Mit Salz und Pfeffer würzen, mit der Sahne aufgießen und auf kleiner Flamme ca. 5 Minuten einkochen lassen. Mit Salz, Cayennepfeffer und geriebener Muskatnuss abschmecken.

3. Die Knoblauchzehen schälen. Butterschmalz in einer Pfanne erhitzen. Die Knoblauchzehen durch eine Knoblauchpresse in die Pfanne drücken und kurz anbraten. Die Temperatur etwas zurückschalten. Die Zanderfilets mit Küchenpapier trocken tupfen, dann mit der Hautseite nach unten in die Pfanne legen und ca. 2 Minuten braten.

4. Die Pfanne vom Herd nehmen. Die Zanderfilets vorsichtig auf die Fleischseite wenden und ca. 5 Minuten ruhen lassen. Apfel-Birnen-Sahne auf Teller anrichten und die Zanderfilets darauf platzieren.

Als Beilage passen Salzkartoffeln, Kartoffelpüree oder einfach knuspriges Baguette.

REZEPTREGISTER

Aal
Aal flambiert mit kräftiger Specksauce 45
Aal grün mit gartenfrischen Kräutern 40
Cremesuppe mit Räucheraal und Sauerkraut 42
Rührei mit Räucheraal und frischen Kräutern 43

Bachsaibling
Gebeizter Saibling mit Gin-Mayonnaise 21
Gemüse-Saibling mit Zucchini und Champignons 20
Saibling aus dem Ofen mit Limettenschaum 23
Saibling in Koriandersahne (Variante) 23
Saibling in Senf-Apfel-Sauce (Variante) 19
Saibling in Senfsauce, mit Butter verfeinert 19
Saibling mit Wirsing und Schmortomaten 25
Tomaten-Saibling mit Kartoffelstampf (Variante) 25

Felchen
Felchen mit Banane, delikat gegrillt 32
Felchen mit Kirschen und Bandnudeln 28
Felchenfilets in knuspriger Panade 29
Felchenfilets mit Zitronenbasilikum 33
Felchen-Roulade mit Oliven und getrockneten Tomaten 30

Flussbarsch
Barsch mit Mandelbutter und Erbsenpüree 51
Barschfilets mit Orangen-Chicorée 54
Gebratener Barsch mit Feldsalat (Variante) 51
Gebratener Barsch mit Tomaten-Risotto 48
Gefüllte Barschfilets mit aromatischen Kräutern 52
Saurer Barsch mit brauner Butter 55

Flussbrasse
Brasse mit Peperonata (Variante) 115
Brassen mit Möhren und Zitronen-Kapern-Sauce 115
Brassenfilets mit Rotwein-Schalotten 116
Gedünstete Brasse auf süßsaurem Linsengemüse 117
Marinierte Brasse in Tomatensauce 113

Flusskrebs
Flusskrebs-Cocktail mit Äpfeln und Ananas 58
Hafenmeister-Töpfchen mit Krabben, Krebsen und Forelle 65
Leipziger Allerlei mit Perlhuhnbrust und Flusskrebsen 62
Melonensuppe mit Krebsen, eiskalt serviert 60
Orangenbutter-Krebse, pikant und fruchtig 66
Pikantes Krebs-Pfännchen (Variante) 65

Forelle
Bachforelle mit Brunnenkresse 70
Bunte Nudelpfanne mit Lachsforelle und Salbei 81
Fischterrine von Lachsforelle und Dorsch 84
Forelle blau, leicht und bekömmlich 76
Forelle Müllerin mit Mandelbutter 72
Forellen-Pfanne (Variante) 81
Geräucherte Forelle mit aromatischen Kräutern 78
Lachsforelle gebeizt mit viel Dill 79

REZEPTREGISTER

Lachsforelle mit Kräuteröl und Kirschtomaten 83
Regenbogenforelle in Salbeibutter 88
Regenbogenforelle mit Gemüse-Kräuter-Füllung 93
Regenbogenforelle mit Lauch und Möhren 91
Regenbogenforelle mit Möhrenpüree (Variante) 91
Regenbogenforelle mit würzigen Tomaten 86
Schnelle Lachsforelle mit Koriander-Limetten-Sauce 82

Hecht
Ganzer Hecht in Riesling-Sahne-Sauce 102
Hechtfilets mit Speck und Käse 101
Hechtklöße gratiniert mit samtiger Sauce 98
Petersburger Hecht mit pikanter Sauce 100

Karpfen
Karpfen blau, ein Klassiker der Fischküche 106
Karpfen gebacken mit Meerrettich und Gemüse 110
Karpfen in Biersauce, herzhaft und würzig 112
Karpfen mit Bierkruste, goldgelb ausgebacken 109
Karpfenfilets mit Lebkuchensauce 111
Käse-Karpfen (Variante) 109

Rotauge
Falsche Bratheringe, ein säuerlich-würziger Genuss 126

Schleie
Gebratene Schleie in Sahne-Dill-Sauce 128
Schleienfilets in Kartoffelkruste 129

Wels
Wels im Weißweinsud mit Wurzelgemüse 118
Wels in Meerrettichsauce mit Erbsen-Möhren-Püree 121
Welsfilet-Spieße mit Paprika und Schalotten-Chili-Butter 120

Zander
Zander mit Rotem Curry und Knäckebrot-Knoblauch-Butter 135
Zanderfilets mit Apfel-Birnen-Sahne 137
Zanderfilets mit südlichen Kräutern 136
Zander-Lachs-Buletten mit Gemüse und Apfel 132

ZUBEREITUNGSREGISTER

Aus dem Ofen
Bachforelle mit Brunnenkresse 70
Felchen mit Banane, delikat gegrillt 32
Ganzer Hecht in Riesling-Sahne-Sauce 102
Gemüse-Saibling mit Zucchini und Champignons 20
Hechtfilets mit Speck und Käse 101
Karpfen gebacken mit Meerrettich und Gemüse 110
Petersburger Hecht mit pikanter Sauce 100
Regenbogenforelle mit Gemüse-Kräuter-Füllung 93
Regenbogenforelle mit Lauch und Möhren 91
Regenbogenforelle mit Möhrenpüree (Variante) 91
Regenbogenforelle mit würzigen Tomaten 86
Saibling aus dem Ofen mit Limettenschaum 23
Saibling in Koriandersahne (Variante) 23
Saibling in Senf-Apfel-Sauce (Variante) 19
Saibling in Senfsauce, mit Butter verfeinert 19
Schnelle Lachsforelle mit Koriander-Limetten-Sauce 82
Wels in Meerrettichsauce mit Erbsen-Möhren-Püree 121
Zander mit Rotem Curry und Knäckebrot-Knoblauch-Butter 135

Buletten
Zander-Lachs-Buletten mit Gemüse und Apfel 132

Gebacken
Felchenfilets in knuspriger Panade 29
Karpfen mit Bierkruste, goldgelb ausgebacken 109
Käse-Karpfen (Variante) 109
Schleienfilets in Kartoffelkruste 129

Gebeizt
Falsche Bratheringe, ein säuerlich-würziger Genuss 126
Gebeizter Saibling mit Gin-Mayonnaise 21
Lachsforelle gebeizt mit viel Dill 79

Gebraten
Aal flambiert mit kräftiger Specksauce 45
Barsch mit Mandelbutter und Erbsenpüree 51
Barschfilets mit Orangen-Chicorée 54
Brasse mit Peperonata (Variante) 115
Brassen mit Möhren und Zitronen-Kapern-Sauce 115
Brassenfilets mit Rotwein-Schalotten 116
Bunte Nudelpfanne mit Lachsforelle und Salbei 81

ZUBEREITUNGSREGISTER

Felchen mit Kirschen und Bandnudeln 28
Felchenfilets mit Zitronenbasilikum 33
Forelle Müllerin mit Mandelbutter 72
Forellen-Pfanne (Variante) 81
Gebratene Schleie in Sahne-Dill-Sauce 128
Gebratener Barsch mit Feldsalat (Variante) 51
Gebratener Barsch mit Tomaten-Risotto 48
Gefüllte Barschfilets mit aromatischen Kräutern 52
Karpfen in Biersauce, herzhaft und würzig 112
Lachsforelle mit Kräuteröl und Kirschtomaten 83
Marinierte Brasse in Tomatensauce 113
Regenbogenforelle in Salbeibutter 88
Saibling mit Wirsing und Schmortomaten 25
Saurer Barsch mit brauner Butter 55
Tomaten-Saibling mit Kartoffelstampf (Variante) 25
Zanderfilets mit Apfel-Birnen-Sahne 137
Zanderfilets mit südlichen Kräutern 136

Gedünstet
Felchen-Roulade mit Oliven und getrockneten Tomaten 30
Gedünstete Brasse auf süßsaurem Linsengemüse 117

Geräuchert
Rührei mit Räucheraal und frischen Kräutern 43
Geräucherte Forelle mit aromatischen Kräutern 78

Klöße
Hechtklöße gratiniert mit samtiger Sauce 98

Krebse kalt
Flusskrebs-Cocktail mit Äpfeln und Ananas 58
Melonensuppe mit Krebsen, eiskalt serviert 60

Krebse warm
Hafenmeister-Töpfchen mit Krabben, Krebsen und Forelle 65
Leipziger Allerlei mit Perlhuhnbrust und Flusskrebsen 62
Orangenbutter-Krebse, pikant und fruchtig 66
Pikantes Krebs-Pfännchen (Variante) 65

Pochiert
Aal grün mit gartenfrischen Kräutern 40
Forelle blau, leicht und bekömmlich 76
Karpfen blau, ein Klassiker der Fischküche 106
Karpfenfilets mit Lebkuchensauce 111
Wels im Weißweinsud mit Wurzelgemüse 118

Spieße
Welsfilet-Spieße mit Paprika und Schalotten-Chili-Butter 120

Suppe
Cremesuppe mit Räucheraal und Sauerkraut 42

Terrine
Fischterrine von Lachsforelle und Dorsch 84

Wissen aus

Florian Läufer
Das große Kosmos-Angelbuch
208 Seiten, €/D 29,99

Wer den Weg vom Einsteiger zum Angelprofi meistern möchte, braucht Übung, Zeit und die richtige Lektüre! Dieses Buch deckt jeden Aspekt des Angelns ab: ob Raubfisch oder Friedfisch, Fliegenfischen oder Meeresangeln, ob mit Pose, Grundblei, Blinker oder Fliege. Die Neuausgabe beeindruckt mit über 220 brillanten Fotos und bietet viele Tipps und Informationen.

erster Hand

Jörg Strehlow
Fische räuchern Schritt für Schritt
160 Seiten, €/D 22,99

Räuchern ist ein Thema nicht nur für Angler. Fachmann Jörg Strehlow hat die neuesten Techniken, die besten Aromen, die leckersten Rezepte und das aktuellste Zubehör zusammengestellt und erklärt alles leicht nachvollziehbar in einfachen Anleitungen. Dieser moderne Ratgeber darf auf keinen Fall im Schrank von Räucher-Fans fehlen.

Jetzt bestellen auf kosmos.de

AKTEURE

Ingo Swoboda, geboren und aufgewachsen in Eltville am Rhein, schreibt nach mehrjähriger Tätigkeit als Redakteur und stellvertretender Chefredakteur heute unter anderem für DER FEINSCHMECKER, Sommelier Magazin, Bonner General-Anzeiger, F.A.Z. Sonntagszeitung und Süddeutsche Zeitung, arbeitet als Restaurantkritiker und ist Mitglied in internationalen Verkostungsjurys. Er hat rund 50 Bücher zum Thema Essen und Trinken verfasst, die in mehrere Sprachen übersetzt wurden. 2006 wurde Ingo Swoboda der „Pro-Riesling-Förderpreis" für Publizistik verliehen.

Jacqueline Vogt wurde in einer Familie groß, die das gute Essen und Trinken liebt. Und was sie von Kindesbeinen an begleitet hat, das hat die Journalistin zu ihrem Beruf gemacht: Sie ist seit vielen Jahren Redakteurin der F.A.Z. und schreibt, wenn sie sich nicht mit Bildungspolitik befasst, vor allem über kulinarische Themen. Sie berichtet über Küchen und Köche, über Lokale und Weine und hat eine Restaurant-Kolumne in der F.A.Z Sonntagszeitung.

Joachim Penz ist ein Kind des Nordens, macht seine Leidenschaft zum Beruf und beginnt eine Ausbildung zum Koch in einem renommierten Hamburger Restaurant. Nach Lehr- und Wanderjahren, die ihn quer durch Europa von Italien und Spanien bis zurück nach Sylt bringen, absolviert er die Hotelfachschule in Altötting und die Wirtschaftsakademie in Lübeck. Heute ist Joachim Penz Küchenchef in der Commerzbank Arena Frankfurt und kulinarisch verantwortlich für viele Veranstaltungen in einem der schönsten Fußballstadien Deutschlands.

Alexander Walter ist seit über 20 Jahren selbstständiger Fotograf. Im Auftrag renommierter Verlage und internationaler Agenturen arbeitet er vor allem in den Bereichen Food, Still Life, People und Reportage. Der leidenschaftliche Gourmet und Hobbykoch war bei mehr als 50 Kochbüchern für die optische Umsetzung verantwortlich. Er lebt und arbeitet mitten im Grünen im schönsten bayerischen Oberland.

Sven Dittmann sammelte nach seiner klassischen Ausbildung zum Koch noch weitere elf Jahre Erfahrungen und Eindrücke in renommierten Restaurants in Deutschland. Seit 2006 bringt er diese als freiberuflicher Foodstylist für Printmedien, Buchverlage und Werbeagenturen vor die Kamera.

Ben Boden ist seit vielen Jahren Angler aus Leidenschaft. Bei jeder Gelegenheit bekocht er Familie und Freunde mit selbst Gefangenem. Er ist Fachbuchlektor „Angeln & Jagd" im Kosmos Verlag und in diesem Buch für die angelspezifischen Texte und Fotos zuständig.

IMPRESSUM

Mit 102 Farbfotos von Alexander Walter und 9 Fotos von Ben Boden (Seite 6 o.l., 10/11, 74 und 94)

Umschlaggestaltung von Populärgrafik Stuttgart unter Verwendung eines Fotos von Alexander Walter

Unser gesamtes Programm finden Sie unter **kosmos.de**
Über Neuigkeiten informieren Sie regelmäßig unsere Newsletter, einfach anmelden unter **kosmos.de/newsletter**

Gedruckt auf chlorfrei gebleichtem Papier

© 2015, Franckh-Kosmos Verlags-GmbH & Co. KG, Stuttgart
Alle Rechte vorbehalten

ISBN 978-3-440-14692-7
Projektleitung: Ben Boden
Lektorat: Ben Boden
Gestaltungskonzept und Layout:
Gramisci Editorialdesign, München
Satz: Atelier Krohmer, Dettingen/Erms
Produktion: Die Herstellung, Korntal
Printed in Germany / Imprimé en Allemagne